高绩效工作系统和员工幸福感

张 君 著

北京工业大学出版社

图书在版编目（CIP）数据

高绩效工作系统和员工幸福感 / 张君著．— 北京：
北京工业大学出版社，2020.4 （2021.5 重印）
ISBN 978-7-5639-7406-1

Ⅰ．①高… Ⅱ．①张… Ⅲ．①企业管理－人事管理－
管理心理学－研究 Ⅳ．① F272.921

中国版本图书馆 CIP 数据核字（2020）第 079552 号

高绩效工作系统和员工幸福感
GAOJIXIAO GONGZUO XITONG HE YUANGONG XINGFUGAN

著　　者：张　君
责任编辑：乔爱肖
封面设计：点墨轩阁
出版发行：北京工业大学出版社
　　　　　（北京市朝阳区平乐园 100 号　邮编：100124）
　　　　　010-67391722（传真）　bgdcbs@sina.com
经销单位：全国各地新华书店
承印单位：三河市明华印务有限公司
开　　本：710 毫米 ×1000 毫米　1/16
印　　张：7.75
字　　数：155 千字
版　　次：2020 年 4 月第 1 版
印　　次：2021 年 5 月第 2 次印刷
标准书号：ISBN 978-7-5639-7406-1
定　　价：54.00 元

前　言

　　"五加二""白加黑"已经成为现代职场的常态。许多员工舍弃休息时间投入工作，其中部分员工是被要求加班的，但也不乏主动选择过度工作的员工。工作已经不再仅仅是人们谋生度日的手段，而是促进个人成长、实现自我价值的重要途径。那么，"高薪高压"式的管理是在成就员工的人生还是在牺牲员工的幸福？

　　高绩效工作系统历经20年的研究历程，已经取得了丰富的研究成果。绝大多数研究都表明高绩效工作系统能够显著促进组织绩效的提升。已有一些研究者普遍认同高绩效工作系统是通过提高员工在组织中的决策参与程度和技能水平来调动员工的积极情绪，激发员工更加努力从而提高组织竞争力。这使相关研究者对人力资源管理实践作用机制的探讨从组织层面拓展到了个体层面。幸福的员工也是高绩效的员工，是企业获得持续竞争优势的源泉。

　　本研究基于来自多个行业、多家企业的431名员工的两轮问卷调研数据，探究了高绩效工作系统通过影响工作特征来影响员工工作意义感，进而影响员工幸福感的路径，并引入家长式领导风格作为领导因素、自我效能感作为个体因素，探索其对链式中介发挥的调节作用。结果表明：①高绩效工作系统正向影响员工幸福感；②高绩效工作系统通过工作特征、工作意义感的串联中介正向影响员工幸福感；③家长式领导正向调节高绩效工作系统和工作特征之间的关系；④自我效能感负向调节工作特征和工作意义感的关系。

　　本研究的理论贡献体现在：①验证了高绩效工作系统通过工作特征让员工产生工作意义感，进而增强员工幸福感的链式中介的作用，证明了这一传导机制的成立；②验证了家长式领导对高绩效工作系统的正向调节作用，一方面支持了领导行为和人力资源管理实践之间的强化关系，另一方面丰富了作为高绩效工作系统限定条件的领导风格；③从新的视角来审视自我效能感的角色定位问题，拓宽了其应用范围，也丰富了工作特征模型的边界条件。

最后，本研究的局限性主要体现在测量工具、数据收集和样本选取等方面，并从以下方面提出了未来研究的展望：一是进一步丰富高绩效工作系统对员工幸福感影响机制的边界条件；二是进一步探索影响工作特征的因素和其作用机制；三是从构成型构念的角度进一步开发高绩效工作系统的测量工具；四是探究高绩效工作系统对不同利益相关者的幸福感的影响。

目　录

第 1 章　绪　论

1.1　研究背景

1.1.1　现实背景

10 年前，中国企业在全球跨国公司中的比例仅为 1% 左右。2017 年，中国企业在世界 500 强企业市值中的比例已经达到 11%。10 年间增长了 10 倍多。与此同时，阿里巴巴、华为、腾讯、海尔等一批企业已经成为全球耀眼的跨国公司。在当前中国的商业世界中，比这串明星企业名单要长很多的是亏损甚至倒闭的企业。这其中不乏曾经全国知名的品牌。2016 年，美特斯邦威亏损 4 亿，关闭 1600 个店面，创始人周成建辞职；2017 年 9 月，酷骑单车各地分公司关闭运营，亏欠用户 7 亿押金；2017 年 11 月，小蓝单车发布公告倒闭，并拖欠员工大量工资；2017 年，乐视亏损 116 亿，拖欠供应商款项，中断员工社保缴纳。在当前中国这个充满机遇、竞争、挑战，甚至戏剧化的商业世界中，企业的发展走向随时可能发生变化。为了获得生存、把握机遇，不成为死亡名单上的一员，企业的经营管理团队丝毫不敢懈怠，企业的员工或主动或被动地也在努力适应这充满变数的企业环境。

"五加二""白加黑"已经成为现代职场的常态。许多员工舍弃了休息时间投入工作。其中部分员工是被要求加班，但有的员工是主动选择过度工作的。这些不分昼夜地沉溺于工作中的群体遍布各个行业和组织的各个层级。此外，科技进步和经济发展对全球员工的工作内容、工作方式都产生了巨大影响。比如，随着弹性工作制、远程办公等新型工作方式的普及，员工的家庭和工作界限也越来越模糊。这些变化为员工带来便利和自由的同时也在一定程度上增加了员工从工作中抽离的难度，为员工带来了积极和消极的双重影响。一方面，工作特征的改变为员工提供了在工作环境中发展更多新技能的机会；另一方面，这些变化会增加工作的复杂度和强度从而产生负面影响。企业发展的风云巨变，给员工造成了双重压力。一方面，企业在竞争压力下为达成绩效目标而加大员工的工作强度。高负荷的工作会过度消耗员工的体力和精神。另一方面，急速的经济发展拉开了人们的财富差距，收入水平中低人群在社会比较中产生巨大的精神压力。在组织绩效和员工幸福感的矛盾不断激化的现实情况下，企业开始反思巨大的工作压力和快速的工作节奏的负面影响，更关注员工的幸福感。但是，高压工作并不一定会降低员工幸福感水平。因为员工的过度工作不乏主动选择的结果。一项针对全球员工的调查显示：84%的受访者每周工作超过40个小时，30%的受访者每周工作超过50个小时；超过50%的受访者希望工作到65岁以后退休，27%的受访者愿意工作到70岁以后，12%的受访者表示愿意终生工作。这些"工作狂"大多为了能力成长、工作认可、价值实现等原因而主动努力。工作已经不再仅仅是人们谋生度日的手段，而是促进个人成长、实现自我价值的重要途径。这种转变不仅仅发生在知识型员工身上，而是广泛见诸各个行业。刘××是郑州铁路职业技术学院的2012级学生，也是郑州铁路局订单培养学生，毕业后直接到铁路局各站工作。刘××认为"积极工作，快乐生活，做个蓝领也不错"。掌握好技能，踏踏实实做好自己的本职工作，不好高骛远，不盲目攀比，就是她们"订单生"的"幸福密码"。新华社记者汤×因为九年坚持不懈追踪呼格吉勒图案而被人熟知，他认为忠于自己的职业就是一种幸福，他说："我这一辈子做记者很幸福。幸福就是自己内心深处的感受，你不用介意别人，你感觉快乐就快乐。"当然，随着员工代际的更迭，新生代员工对工作往往有着更高的期许。新生代员更强调自我需求的满足，追求自主和成长，具备更加积极主动的行为特征。工作能否为其带来乐趣和意义是其择业的重要标准。有研究显示，90后员工具有"有主见""自我""民主意识强""敢想敢为"这些不同于传统员工的特征，他们渴望发表自己的观点、影响企业的决策，既有参与的意愿也有付诸行动的勇气。新生代员工比传统员工更加主动关注、积极参与企业的民主管理活动。这体现在民意表达、参与管理和参与决策等多个环节。企业能否为新生代员工提供满足他们心理需求和表达个人观点的途径，会影响他们的工作满意度、工作意义感以及因此而产生的积极情绪，也会影响到幸福感。

因此，企业实行的管理政策和员工幸福之间的关系会受到个体差异和工作环境的影响。例如，有着"床垫文化"传统和"朝九晚无"常态的华为以"高薪高压"的管理体系创造了卓越的企业绩效。同在这一管理体系下，有的员工感恩为其提供了快成长、多竞争、高收入的华为，也有的员工痛斥这一无情高压的环境。那么，以华为为代表的提供高收入、高成长、高压力、高成就的"高薪高压"式的管理是在成就员工的人生还是在牺牲员工的幸福？这是一个亟待探寻的问题。在如此迅猛的企业发展浪潮下，企业需要员工跟上组织的节奏，需要员工加快提升组织绩效，但企业也有责任为员工提供健康、积极的工作环境来保证员工的幸福感。此外，幸福的员工也是高绩效的员工。相比于不幸福的员工，幸福感强的员工的绩效水平会高出 16%。由此可见，幸福的员工是企业获得持续竞争优势的源泉。

那么，企业如何帮助员工获得更大的幸福？在对这个历久弥新的课题的持续探索中，我们需要不断回归幸福的本质。2018 年，在中共中央国务院举行的春节团拜会上，习近平总书记强调"只有奋斗的人生才称得上幸福的人生""奋斗者是精神最为富足的人，也是最懂得幸福、最享受幸福的人"。当前的中国处于一个自国家到个体都高度奋斗的时代，人们的幸福源于奋斗的过程，源于在这一过程中所体验到的意义感。工作是人们奋斗的关键途径，组织是人们奋斗的重要场所。企业应帮助员工在为工作而奋斗的过程中体验到强烈的意义感，进而提升幸福感。这既是企业获得持续竞争优势的资本，也是在这一特殊历史阶段需要承担的使命。

1.1.2 理论背景

经过 20 年的研究，高绩效工作系统研究已经取得了丰富的研究成果。绝大多数研究都显示高绩效工作系统能够显著促进组织绩效的提升。但是，高绩效工作系统通过什么样的机制作用于组织绩效是一直未被解决的问题。组织绩效并非源于人力资源管理实践本身，而是源于人力资源管理实践对员工态度和行为的影响。也就是说，员工的态度和行为在高绩效工作系统和组织绩效的关系之间发挥着中介作用。理论上，战略人力资源管理的研究者们已经达成共识，认为员工相关的结果变量是人力资源系统和组织绩效之间的重要中介变量。组织绩效的提升和员工的积极态度与行为之间存在紧密联系。已有研究普遍认同高绩效工作系统是通过提高员工在组织中的决策参与程度和技能水平来调动员工的积极情绪，激发员工更加努力从而保持组织持续竞争的优势。这使相关研究者对人力资源管理实践作用机制的探讨从组织层面拓展到了个体层面。詹森等明确指出对高绩效工作系统的研究不应仅仅从组织层面出发，应该更加注重从个体层面上来研究员工对高绩效工作系统的反应。鉴于员工相关变量在人力资源系统和组织绩效间的重要中介作用,以往未被纳入员工视角的高绩效工作系统的研究可能会存在一些问题。尽管缺乏员工视角的高绩效工作系统研究的问题已经逐步得到了关注,但是关于高绩效工作系统对员工结果变量的积极影响的研究仍然十分少见。事实上,关于员工的结果变量往往被忽略或者被简单地视为高绩效工作系统和组织有效性之间的中介变量。

此外,早期的大量实证研究都是从管理者视角来探究高绩效工作系统的,并认为管理者评价的高绩效工作系统和员工感知到的高绩效工作系统一致。值得关注的是,江等指出管理者评价的高绩效工作系统和员工体验到的高绩效工作系统可能存在明显差异。之前,相关研究者可能因为高绩效工作系统的立足点是"以高度管理为中心"和"狭隘的经济视角"。从而在研究中直接忽视了高效工作系统对员工产生的影响,或者仅考虑员工层变量的中介作用。基于此,有研究者提出了"更加平衡的研究思路",期望有更多的研究关注高绩效工作系统对员工的影响,把人力资源管理对员工产生的影响作为高绩效工作系统研究的中心,并且关注高绩效工作系统如何影响与员工健康相关的结果变量。基于以上讨论,本研究选择了以员工为中心的研究视角。

积极心理学的有关研究表明,快乐的人会自我发展,并对周围的个体、家庭和社区产生积极的影响。从更广泛的意义上来看,快乐的人可以被发现和培养。但是,很少有人探究组织如何通过增强员工的幸福来获得更高的绩效。许多研究者都指出,雇主相信让员工幸福很重要并在相关方面进行持续投入。大量证据都证明了员工的幸福感对个体和组织的重要性。这使许多企业越来越重视员工幸福感。2016 年,美国工业与组织心理学会经过调查指出,关于员工健康和员工幸福感的研究会成为未来组织研究的十大趋势之一,也是值得学术领域的研究者和实践领域的从业者重点关注的课题。不难看出,高绩效工作系统和员工幸福感的研究会成为未来的热点研究。

到目前为止,研究者就高绩效工作系统和员工幸福感的关系尚未达成一致。实证研究证明了高绩效工作系统对员工幸福感具有积极促进作用。但也有部分研究证明高绩效工作系统会对员工幸福感造成消极影响。还有一些研究表明高绩效工作系统会对员工同时产生积极影响和消极影响。综上所述,高绩效工作系统与员工幸福感的关系仍需相关研究者进一步厘清。此外,高绩效工作系统对员工幸福感的作用机制仍是研究的黑箱。有学者指出高绩效工作系统缺乏理论发展,"黑箱"亟待澄清。也就是说,一系列的人力资源管理实践是如何及为何会提升绩效的,以及高绩效工作系统是如何与员工的感知和体验联系在一起的需要更清晰的阐释。

江等认为高绩效工作系统和员工幸福感之间的关系可分为三种：积极关系、消极关系以及积极关系和消极关系并存。在中国组织情境中会不会出现类似的结果，值得相关研究者去研究关注。当前中国经济、文化、社会环境独一无二，企业发展路径独具中国本土特色，为人力资源管理研究提供了丰富的问题素材。在中国组织情境下进行的实证研究对研究问题的推进有着重要参考价值。澄清高绩效工作系统对员工幸福感产生作用的逻辑是加深理论探索和进行实证研究的前提。

1.2 研究内容

在"幸福中国"时代主题背景下，当前中国企业的迅猛发展给员工造成的较大压力和个体追求幸福感之间的复杂关系值得被关注和探索。就目前的理论研究而言，高绩效工作系统和员工幸福感之间的关系和作用机制仍然存在理论局限。考虑到上述现实背景和理论背景，本研究从以下几个方面进行。

本研究尝试研究的第一个问题：高绩效工作系统如何影响员工幸福感？人力资源管理和员工幸福感紧密相关。但是目前得出的关于高绩效工作系统对员工幸福感的影响的结论并不一致。一方面，有研究表明高绩效工作系统不仅能显著提升企业绩效，而且可以显著增强员工幸福感；另一方面，有研究表明，高绩效工作系统提升企业绩效是以消弱员工幸福感为代价的。由此可见，高绩效人力资源实践与员工幸福感的关系仍需相关研究者进一步厘清。此外，高绩效人力资源实践对员工幸福感的作用机制仍是研究的"黑箱"，缺乏理论发展。然而，关于高绩效工作系统对员工幸福感的潜在作用的研究十分少见。目前，有学者从组织公平的视角探讨了组织公平感在高绩效工作系统和员工幸福感之间的中介作用。有一些学者从认知的视角探讨了个体的自我效能感在员工感知到的高绩效工作系统和员工幸福感之间的中介作用。还有一些学者提出员工幸福感不仅受到组织公平和员工个体特征的影响，而且受到工作特征的影响。

已有研究充分证实了工作在影响员工幸福感上的重要角色。早期的元分析研究已经证明了工作特征对员工幸福感有影响，研究者通过对 28 篇实证研究进行分析发现员工幸福感 60% 以上的变化是由工作特征引起的。此外，已经有学者指出高绩效人力资源实践是影响工作特征的重要情境变量。类似地，有研究强调高绩效工作系统中的工作丰富化和建言机制的管理实践提高了员工的工作自主性，进而提升了员工幸福感。我们由此推论，工作特征可能也是高绩效工作系统影响员工幸福感的重要机制之一。但现有文献却很少探讨工作特征在高绩效人力资源实践与员工幸福感中的作用机制。在组织情境中，高绩效工作系统是部门层执行的管理政策，工作特征是具体影响员工每天工作的真实状态和体验的直接因素，高绩效工作系统对员工幸福感的影响也许就是通过工作特征作为中介变量产生的。为此，本研究从工作特征视角出发，探讨高绩效工作系统和员工幸福感之间的中介机制。

工作特征一直是心理学领域关注的热点问题，心理学家提出了一系列工作特征模型。其中哈克曼和奥尔德姆提出的五个核心工作维度是目前关于工作本质和特征研究的极具影响力的模型。工作特征模型具体包括工作自主性、技能多样性、任务完整性、任务重要性和工作反馈这五个维度。尽管已经有证据显示员工幸福感会受到工作特征的影响，但是两者之间的关系并不一定是直接的或者无条件的。也就是说，工作特征对员工幸福感的影响可能存在中介机制和边界条件。工作特征模型认为对工作意义的体验、对工作结果责任的体验、对工作活动实际结果的感知这三种关键心理状态在工作特征与工作产出之间发挥中介作用。但是，后续的研究证明三种关键心理状态并非都具有预测作用。其中，对工作意义的体验可能是最为关键的中介变量。此外，根据 AMO 理论，高绩效工作系统对员工结果变量的影响是通过提高员工的能力、激发其动机和为其提供机会来实现的；为员工提供建言渠道、团队工作机会和更多工作自主性的工作实践可以增强员工的价值感和意义感，进而提升员工的幸福感。为此，本研究提出工作意义感也是高绩效工作系统和员工幸福感之间的重要中介变量，而且会受到工作特征的影响。基于上述分析，不难得出工作特征和工作意义感在高绩效工作系统和员工幸福感之间的关系中可能发挥链式中介作用。链式中介可用来表示多个中介变量之间的有影响顺序的关系。预测变量通过该中介链对结果变量产生间接效应。相比于简单中介，链式中介更能揭示预测变量和结果变量之间关系的复杂机制。因此，本研究有助于揭示高绩效工作系统对员工幸福感影响的复杂机制。

本书尝试研究的第二个问题：领导风格是否会影响高绩效工作系统对工作特征的影响？关于高绩效工作系统研究的主流观点是其能产生积极影响。但是也并非所有高绩效工作系统的影响都是正面的。近期的一些研究就对高绩效工作系统的积极作用提出了质疑，指出了其可能存在的黑暗面。高绩效工作系统会产生负面影响的一个潜在原因是会导致个体知觉到的压力水平升高。比如，绩效评估会为员工从多个角度提供工作过程和工作结果的相关信息，虽然有助于员工认识到工作反馈和工作的重要性，但是绩效管理系统是一把双刃剑。绩效奖励除了会增加员工的动力以外，可能也会被员工知觉为压力。类似地，持续教育在增强员工技能多样性和胜任力的同时，也可能会增加员工的工作负荷，给员工带来压力。此外，高绩效管理系统的实践活动是会被员工感知为工作自主性、工作重要性等积极工作特征，还是会被解释为企业通过增加工作负荷来压榨员工。这可能取决于员工是否具备足够的资源来应对压力。当高绩效工作系统的实践给员工造成的压力积累到超过个体应对压力所具备的资源和能力时，会破坏员工的积极认知和积极情感，包括员工的长期幸福感。在组织情境中，领导负责为员工分配任务、提供指导、决定奖惩，领导是直接影响员工实质工作内容和工作体验的重要情境因素之一。在高绩效工作系统中，如果领导以明确的期望和具体的行动增进与成员之间的关系，提高员工在决策和解决问题过程中的参与程度，鼓励员工发展技能，为员工创造发挥才能的机会，那么员工会体验到更强的工作自主性、工作多样性等积极工作特征；相反，如果领导只是不断提高工作标准和加大工作劳动的强度，没有提供相应的资源支持员工，也没有创造机会成就员工，那么员工在工作中会体验到倦怠甚至被征税的压榨感。根据社会信息加工理论，领导的言行是员工构建工作特征的重要信息来源。领导作为组织的职位代理人，其传递出的信号会影响员工对组织实施的政策的解读。当领导真诚关心员工的发展、福利和生活时，员工会认为组织重视和关怀自己，就会更倾向于从积极的角度解读人力资源政策；相反，员工会认为组织仅把员工作为实现绩效的工具，更倾向于消极解读人力资源政策。探索领导风格在高绩效工作系统和工作特征之间的调节作用，将有助于深入理解能够判定高绩效工作系统产生积极影响还是消极影响的边界条件。

　　本书尝试研究的第三个问题：如果工作特征通过影响工作意义感对员工幸福感产生影响，这种影响是普遍存在的吗？以往研究在探讨工作特征和员工幸福感的关系时，都暗含着一个前提条件，即所有员工的人格特质和工作动机都是相同的。斯陶、贝尔以及克劳森发现儿童时期的人格和后来的工作满意度有着紧密关系。后续也有学者发现自我效能感、主动型人格、乐观主义、控制点等个体变量会影响工作要求、工作控制等工作特征对员工幸福感的直接效应和间接效应。这些构念都描述了一种取向。这种取向代表了个体解读世界，解读和周边环境的关系以及如何处理这些关系的倾向。例如，这些学者认为大多数生活状态都是自己行动的结果，持有内部控制点的个体比持有外部控制点的个体更有能力处理工作和生活中的压力。高乐观主义和高自我效能感可以缓解心理压力和提升心理幸福感。自我效能感是个体对自我完成指定行为目标的过程所需具备的组织和执行能力的判断和信心。自我效能感会影响个体面对困难时的应对方式和坚持程度。在工作情境中，具备自我效能感的员工相信自己具备完成工作任务的足够能力。高自我效能感的员工更倾向于采取行动以达到环境要求，并将工作要求视为挑战，因此也更有可能在工作过程中体会到工作意义感。为此，本研究尝试验证员工的自我效能感对工作特征和工作意义感关系的调节作用，以有助于更深入地探寻工作特征发挥作用的边界条件。

综上所述，针对高绩效工作系统对员工幸福感的影响，本研究将从以下几个方面进行：①从工作特征模型视角探索高绩效工作系统对员工幸福感的影响，验证工作特征和工作意义感在高绩效工作系统和员工幸福感之间的中介作用；②研究影响高绩效工作系统和工作特征之间关系的领导因素，具体而言，就是家长式领导对高绩效工作系统和工作特征关系的调节作用；③研究影响工作特征和工作意义感之间关系的个体因素，具体而言，就是员工的自我效能感对工作特征和工作意义感关系的调节作用。

1.3　研究框架与安排

围绕研究问题，本书的研究框架和安排如下所示。

第一章，绪论。本章主要对本文的研究背景、研究内容、研究框架与安排、研究方法与技术路线进行说明。核心目的在于阐述员工幸福感值得被关注的原因，以及高绩效工作系统对员工幸福感的影响机制需要被澄清的理由。通过当前中国的社会现象与案例来说明开展本研究的必要性，同时结合已有研究中的不足提出研究问题，紧密围绕研究问题来安排本文的研究框架、研究方法与技术路线。研究贡献点对应于研究问题，主要从理论方面和实践方面进行阐述。

第二章，文献综述。本章主要对本研究涉及的变量进行文献回顾与总结，主要包括高绩效工作系统、员工幸福感、工作特征、家长式领导、工作意义感和自我效能感，其中重点对高绩效工作系统和员工幸福感进行文献梳理。从研究方向看，本研究关注的是员工幸福感的前因、高绩效工作系统的后果，因此在相关研究部分，重点总结归纳这两个方面的内容。

第三章，理论基础与假设提出。本章主要基于自我决定理论和社会认同理论提出核心研究假设。首先，对自我决定理论和社会认同理论进行了系统的回顾与梳理，包括提出背景、关键概念和核心分支理论。其次，基于自我决定理论和社会认同理论的部分逻辑观点、相关实证研究结论推导本文的研究假设：利用工作特征和工作意义感调节高绩效工作系统和员工幸福感之间的关系；家长式领导能够调节高绩效工作系统对工作特征的影响；自我效能感能够调节工作特征对工作意义感的影响。最后，提出本研究的研究模型。

第四章，研究方法。本章主要对研究对象与施测程序、变量测量、统计分析方法进行了说明。研究对象包括员工个人特征、样本行业特征。施测程序部分介绍了数据的配对方式、调研时间和问卷发放。变量测量部分主要介绍了研究中量表的主要来源，量表选择的原则和量表的信效度。统计分析方法部分主要介绍了数据分析工具、数据分析思路等。

第五章，数据分析结果。本章主要对研究结果与研究假设的验证情况进行了阐述。主要内容包括本研究中变量描述性统计与相关分析、测量模型分析、变量区分效度检验、中介效应分析、有调节的中介模型检验、数据分析结果总结。

第六章，结论与讨论。本章首先通过对假设的验证情况进行讨论和分析，结合相关理论和已有的研究成果对数据结果进行总结，并对研究结果的合理性进行了进一步的解释。其次，探讨了本研究的理论意义，并基于研究结论提出了有针对性的管理实践建议。最后，从样本选取、变量测量等角度提出了本文的研究局限，并指出未来研究的可能方向。

1.4　研究方法与技术路线

本研究采用的方法主要是问卷调查法。问卷调查法是管理学定量研究中最为普及的研究方法，能够快速有效地收集数据。如果问卷的信效度较高的话，就能够收集到高质量的研究数据，且对被试的干扰较小、成本较低。在选择量表时，本研究尽量从概念普适性、文化适用性、样本适用性等方面选择合适的测量工具。本文的研究目的是探讨变量之间的因果关系，而非开发特定量表，因此本研究主要采用了已有的测量量表来评价高绩效工作系统、员工幸福感、工作特征、工作意义感、家长式领导和自我效能感。从技术路线看，本研究首先通过观察现实实践中的问题聚焦于特定方面——员工幸福感，回顾员工幸福感的最新研究，寻找以往研究的不足，基于上述工作提出本文研究的问题；其次，进行文献综述，主要聚焦于研究中的变量定义、测量与主题相关研究，并做文献评述；再次，选择自我决定理论，并论述选择该理论的合理性，提出具体的研究假设，包括主效应假设、中介效应假设、有调节中介效应假设等，之后，进行研究设计，确定本文的研究对象是基层员工，落实两轮数据配对的方式，确定变量测量的工具与填写方式，接下来，选择合理的统计分析方法；最后，总结本文的研究结论，并结合相关实证研究来讨论本文研究结论的合理性，总结本研究存在的局限，并有针对性地提出对未来研究的展望。本文具体的总体流程如下图 1-1 所示。

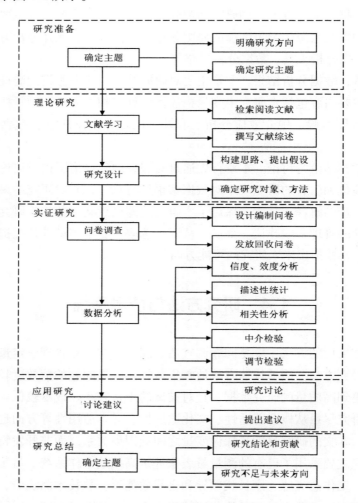

图 1-1　本研究技术路线

第 2 章　文献综述

对以往相关文献的回顾是发现研究局限、提出研究问题的重要方式。本章主要对研究中涉及的变量进行梳理与总结，从而为研究问题提出、研究假设推导奠定基础。本章遵循重点和全面相结合的原则对以往相关文献进行回归和论述，重点对高绩效工作系统和员工幸福感两个变量进行介绍。

2.1　高绩效工作系统

历经 20 多年的研究，有关高绩效工作系统的学术研究取得了丰富的研究成果，在实践领域也受到了广泛关注。关于高绩效工作系统的研究影响涉及组织、团队和个体等多个层次变量。本研究关注对员工的幸福感的影响，为此本部分主要围绕着高绩效工作系统和个体层次变量的关系来阐述其研究背景、概念定义、测量和作用机制等。

2.1.1 高绩效工作系统的研究背景

高绩效工作系统的提出源于实践领域和学术领域对"最佳实践"的探索。自 19 世纪 70 年代开始，美国企业原有的生产模式和管理体系逐步失去了竞争优势，并面临组织内外的现实挑战。一方面，美国大多数企业原有的管理体系限制了员工潜力的发挥导致生产效率不足；另一方面，低劳动力成本国家的价格优势在全球贸易中对美国产生了冲击。与此同时，日本企业开始推行精益生产模式。该模式迅速提高了生产效能，节约了生产成本，推动日本工业的迅速崛起。这些现实的管理和经营挑战激发了美国的学者和管理实践者率先探索如何通过人力资源管理来提升组织绩效，以及是否存在普适的最佳人力资源管理的实践活动，希望以此帮助企业消除管理弊端、完善管理体系、提升竞争优势。

可见，高绩效工作系统最初的诞生就是为了提高企业的经营绩效。相较于传统的人力资源管理实践，高绩效工作系统在不同的组织和文化背景下都显示出了对员工和公司绩效提升的有效性。因此，后续关于高绩效工作系统的绝大多数研究都聚焦在对组织绩效影响的验证和机制探索上。已有研究已经证明高绩效工作系统对组织绩效有积极促进作用，包括财务结果、生产率、效率和弹性和员工承诺。

近些年，大量学者提出应该从平衡的视角来研究高绩效工作系统，他们呼吁对员工更为友好的人力资源管理系统。鲍威指出，对高绩效工作系统的研究应该投入更多来关怀员工，从员工幸福感的视角出发来进行后续的研究。有学者明确指出，高绩效工作系统的研究数据应该既包括公司方面的支出和收益，又应该包括和员工相关的结果变量。

此外，关于高绩效工作系统的已有研究结论主要都是基于西方文化背景得出的，实证研究的对象大多来自美国、欧洲、澳大利亚和新西兰。随着中国、印度、日本等国家在世界舞台上表现出强劲的经济增长和文化输出势头，以东方国家为研究对象的管理研究也得到了越来越多的关注。尽管如此，和基于西方文化的研究相比，在东方文化背景下进行的人力资源管理的实证研究仍然少得惊人。

2.1.2 高绩效工作系统的概念

休塞里德将高绩效工作系统定义为相互衔接、配套支持能够共同作用于企业绩效提升的一套人力资源实践系统，该系统通过减少员工离职率、提高劳动生产率和财务绩效水平实现对企业战略的支持。对公司特定的人力资本的持续投入会提高员工的知识、能力、技能、承诺水平，从而降低被模仿的可能性。高绩效工作系统对组织绩效的提升取决于两类匹配——内部匹配和外部匹配。内部匹配是指各个具体的人力资源实践之间的相互协同。外部匹配是指人力资源管理系统和组织战略之间的彼此支持。从内部匹配和外部匹配的角度出发，休塞里德等对高绩效工作系统的概念做出了更为清晰的描述，即高绩效工作系统是组织内部高度一致的，确保人力资源服务于战略目标的一系列政策和活动。在此基础上，研究者们从不同的角度对高绩效工作系统做出了界定。例如，博兰德和斯内尔将高绩效工作系统定义为一个关于人力资源实践、工作结构以及员工知识和技能参与的特定组合。这个定义最为重要的方面是系统方法或捆绑实践，而并非单一独立的实践，因为高绩效工作系统是由很多相互关联的部分构成的。类似地，库姆斯等将高绩效工作系统定义为通过提高员工技能、承诺和投入度，从而使员工成为企业持续竞争优势的人力资源实践的系统或捆绑。

此外，有研究者将高绩效工作系统定义为通过提高员工技能水平、承诺水平和生产效率，从而提高企业绩效和持续竞争优势的人力资源系统。

综上所述，以往高绩效工作系统的定义主要包括两个方面：一是高绩效工作系统并非某项具体的人力资源管理实践，而是一系列人力资源管理实践捆绑而成的系统；二是高绩效工作系统通过提高员工的能力、动机和转变其态度来实现对组织绩效的提升。本书将采用库姆斯等给出的定义。

到目前为止，研究者们对于高绩效工作系统的概念并未达成一致，主要在两方面存在分歧：一是高绩效工作系统所包括的具体实践；二是高绩效工作系统的理论层次。

①实践构成。研究者们在高绩效工作系统由哪些普适性的具体实践构成上并未达成一致。例如，阿普尔鲍姆等提出高绩效工作系统包括基于团队的工作组织、正式的培训、绩效导向的薪酬、雇佣安全、晋升和发展、信息分享；森、阿忆和劳将高绩效工作系统的实践构成归纳为选择性人员安置、广泛的培训、内部流动、雇佣安全、清晰的职位描述、绩效导向的评价和激励性薪酬。

那么，高绩效工作系统到底由哪些普适的人力资源管理实践活动构成？库姆斯等通过对 92 篇实证研究进行分析后发现，在高绩效工作系统中最高频出现的实践分别是激励性的薪酬管理体系、培训、内部晋升体系、有竞争力的薪酬水平、人力资源规划、员工参与、人员甄选、弹性工作、信息共享、员工保障体系。博塞利等通过对 104 篇实证研究进行定性分析后得出：高频率出现的人力资源实践分别是培训和发展、权变薪酬和奖励、团队与合作、绩效管理体系、参与决策、人员选拔、有竞争力的薪酬水平、信息共享和沟通、工作设计、内部晋升和劳动力市场。张正堂和李瑞通过对 187 篇实证研究进行定性分析后发现：高频率出现的人力资源实践分别是薪酬和奖励、信息共享和沟通、培训、参与和授权、招聘和选拔、工作保障、绩效管理、工作设计、团队合作、雇用安全和晋升。由此可见，研究者们虽然对高绩效工作系统应该包括哪些具体的实践并未达成完全一致。但是我们大致可以将高绩效工作系统包括的具体实践归纳为人员配置、薪酬体系、弹性工作安排、团队工作、培训和沟通六个方面。每项具体的人力资源实践的设置目的都是为了选拔、发展和保留员工，或者激励员工产出从而提升企业竞争力。具体而言，高绩效工作系统通过创造可促进员工更努力工作以达成目标的环境来增强组织有效性，也就是说，通过强化员工的组织承诺和提高其工作满意度来提升组织绩效。

②概念层次。研究者界定的高绩效工作系统概念的不一致除了体现为包括的具体实践存在差异以外，还体现为其概念描述的层次也有所不同。已有研究

在描述或解释高绩效工作系统时主要涉及三种层次，分别是群体层次、个体层次和多个层次。

第一，群体层次。包括实施者视角和感知者视角两种视角。实施者视角关注的是设计或实施高绩效工作系统的主体。例如，森等将高绩效工作系统界定在组织层面，原因是其认为高绩效工作系统是由组织层面推行的管理员工雇佣关系的实践。赫弗曼和邓登也将高绩效工作系统界定在组织层面，关注组织层面的人力资源管理实践对员工幸福感所产生的影响。感知者视角关注的是人力资源管理实践的作用对象。有学者认为，组织设计的人力资源管理实践和真正实施的人力资源管理实践之间存在差异，因此不同的业务单元间的员工感知到的高绩效工作系统会有所不同。常将员工感知的高绩效工作系统聚合到部门层面作为共享的环境信息，研究其对组织二元性产生的积极影响。

第二，个体层次。该层次关注感知者的视角。员工作为高绩效工作系统的直接体验者，他们对管理实践的感知会影响其态度和行为，进而对个人绩效和组织绩效产生影响。例如，博克索尔、哈奇森和瓦塞尔等发现员工感知到的高绩效工作系统通过技能有效性和内部动机来对员工产生影响；米哈伊尔和克鲁西尼奥蒂探讨了员工感知到的高绩效工作系统如何影响工作幸福感。刘善仕等验证了员工感知到的人力资源实践通过影响组织吸引力来影响员工的工作绩效。

第三，多个层次。该层次兼顾群体层次和个体层次的视角。这种同时考虑多层次的高绩效工作系统综合体现了组织计划的、组织实施的和员工感知的高绩效工作系统。例如，登·哈托格等研究了组织层计划实施的高绩效工作系统如何通过影响员工层感知到的高绩效工作系统来影响组织绩效。哈里斯、阿瑞泽塔和巴卢埃尔卡将员工感知到的高绩效工作系统作为个体层次的变量，将管理者感知到的高绩效工作系统作为群体层次的变量，并探讨了两个层次的高绩效工作系统对员工主动行为的影响。这种多层次高绩效工作系统的整合研究与在组织中的真实实施情况更为吻合。

2.1.3 高绩效工作系统的测量

高绩效工作系统的关键是其不同于单一人力资源实践，而是以"系统"的方式在运作和产生价值的。江等和森等都指出高绩效工作系统以特定模式、构成或组合发生协同作用的形式决定了其最终的有效性。有学者将高绩效工作系统包含的各个具体人力资源实践之间的关系概括为四种形式，即相加性、替代性、正向协同和负向协同。查德威克根据人力资源实践对组织绩效影响的程度把其相互协同的模式分为三种取向，即独立作用、实质性重叠和有效补充。在此基础上，江等进一步指出，各项人力资源实践的关系取决于其各自指向的目标，不同的战略目标使得各项实践之间形成了协同、叠加或替代关系。江等的元分析支持了这一观点，即不同人力资源管理实践的侧重点有所不同，各项实践通过协同模式对组织绩效产生作用。

到目前为止，研究者对高绩效工作系统的测量并未达成一致。研究者在测量高绩效工作系统时所采用的测量工具、报告对象和计分方式都有所不同。这导致不同实证研究结论之间的可比性不足。以使用率较高的量表为例，不同量表的题项内容、适用范围、报告对象等方面都存在差异。

①题项内容。题项内容取决于对高绩效工作系统概念的界定。在对高绩效工作系统实施测量时所考核的具体人力资源管理实践存在差异。比如，休斯利德等对高绩效工作系统的测量内容包括工作分析、人员甄选、持续培训、绩效管理、晋升体系、决策参与和信息共享。登·哈托格还增加了团队工作、奖励体系等实践。

②适用范围。除了测量工具本身的差异外，研究者也会根据研究情境对题项进行删减或内容调整。例如，有学者以服务行业为研究对象来检验高绩效工作系统的有效性，为了更符合行业特征在原始量表的基础上增加了新的题项"我可以根据客户需求自主地为客户提供定制化的服务"以测量服务自主性。此外，研究者也会根据组织所在的情境自主开发新的测量工具。以中国组织情境下开发和修订的问卷为例，孙健敏和穆桂斌基于休斯利德等开发的高绩效工作系统问卷，结合中国的管理情境对之进行了修订。该问卷共22道题，后来增加到25道题。苏中兴确认了在中国企业中适用的28项人力资源管理实践，包括控制导向的管理实践和承诺导向的管理实践。虽然多样化的测量工具更能体现不同情境下的高绩效工作系统，但是并不利于研究者进行实证研究结论比较。

③报告对象。报告对象作为数据的提供者会影响对高绩效工作系统测量的有效性。目前研究者选取的报告对象主要有三类。

一是管理者，具体包括高层管理者、人力资源管理者或者部门主管。例如，一些研究者研究的高绩效工作系统数据由每家公司的2名高级经理提供。

二是员工，其作为高绩效工作系统的直接体验者来报告感知到的信息。例如，一些研究者的高绩效工作系统的研究数据由员工提供。一些研究者将员工报告的数据聚合到部门层面进行分析。

三是管理者和员工。例如，肯尼思、卡弗克和托尼的研究数据由高级人力资源经理和员工共同提供。另外，管理者和员工各自认为的高绩效工作系统之间显著相关的结论在其他研究中也得到了支持。

到目前为止，各项有关研究对高绩效工作系统的测量仍然通过对各项人力资源管理实践的简单加总来实现。雷帕克、辽、庄和哈登指出高绩效工作系统的不同具体实践之间可能会出现部分重叠、功能替换，甚至负向协同，因此简单加总的计分方式并不适用于对高绩效工作系统的测量中。如何在测量工具上体现出高绩效工作系统的"系统"运作方式仍然是研究中的未解难题。此外，也有学者提出高绩效工作系统的实现也依赖于和战略目标及其他管理体系的协同。这点在已有的研究中也并未被涉及。由此可见，设计出能够反映高绩效工作系统积极协同效应的测量工具是未来研究需要重点解决的问题。

2.1.4 高绩效工作系统的作用机制

根据达塔、格思里和赖特的观点，高绩效工作系统通过提高员工的技能、承诺水平和生产力这样的方式把员工变为可持续的竞争优势资源。这不同于单个的人力资源实践。事实上，当前占主导地位的观点是，企业在市场中所取得的成功很大程度上源自公司的人力资源，人力资源是保持和提升企业竞争优势的最为重要的资源之一。根据资源基础观，有价值的、稀缺的、不可模仿的和难以替代的资源可以提供持续的竞争优势。这一竞争优势的来源并非仅仅只能通过发展独特的和有价值的人力资本来实现的，也能通过提高匹配度和增强灵活性来实现。

尽管已经有大量研究证实了高绩效工作系统对组织绩效会产生显著的积极影响。然而，高绩效工作系统是通过什么样的作用机制来影响组织绩效的仍然是一个不解之谜。这个"黑箱"问题有待于进一步探索。组织绩效的提升和员工的积极态度与行为之间紧密相关。高绩效工作系统通过提高员工在组织中的参与决策的程度和技能水平来激发员工努力工作，从而提高组织绩效水平。也就是说，人力资源管理实践作用路径已经从组织层面拓展到了个体层面。为此，高绩效工作系统的研究不应仅仅从组织层面出发，而更应该关注到员工对高绩效工作系统的反应。基于此，本研究将重点放在高绩效工作系统对员工层面的影响上。本章节对作用机制的梳理也聚焦在对员工层面的影响上。

AMO（能力 - 动机 - 机会）框架最初源于职业发展领域。其核心观点是个体获得职业成功需要同时拥有必备的能力、强烈意愿和适当机会。近年来，大量学者从 AMO 的视角来解释高绩效工作系统对员工的影响，他们认为人力资源管理通过激发员工的潜力、动机，为员工提供机会来推动组织战略目标的完成。AMO 框架的提出者最早是从个体层面提出这个框架的，后来被其他研究者拓展到团体层面。

能力（Ability）指员工完成工作目标所需的知识、技能等。在个体层面，人力资本指的就是员工所具备的 KSAOs（知识、技能、能力和其他素质），如程序员的编程技术、销售人员的产品知识。在团队层面和组织层面，通过动态的工作过程，个体所具有的 KSAOs 被视为集体的人力资本资源。也就是说，个体层面上的 KSAOs 需要经过一个运作的过程才能转变为更高层面的 KSAOs。因此，个体层面的 KSAOs 并不等同于群体层面和组织层面上的 KSAOs。

动机（Motivation）指员工主动投入工作的意愿程度，包括态度和情感，如销售人员联系客户的主动意愿、客服人员帮助客户解决问题的积极态度。尽管这部分的变量在定义上有细微差别，但基本上都反映的是员工努力工作的意愿程度。不同层面上的动机类变量的本质是相同的。例如，个体层面的组织支持感反映的是员工感受到的组织对其贡献的重视程度和幸福感的关心程度。研究者以组织支持氛围来表征组织层面的组织支持感，反映的是组织关心员工贡献和幸福的氛围。虽然研究者在不同层次上定义这两个概念，但其本质是相同的。

机会（Opportunity）指为员工提供的将其能力和动机转化为绩效的可能性。在个体层面，员工获得展示的机会和工作特征相关，主要关注的是如何设计工作来实现员工在工作中的才华展示。例如，在工作特征相关的研究中，心理授权是反映员工意义感、胜任力和自主性的构念。在团队和组织层面，机会维度涉及员工参与决策、解决问题、共享信息等活动，并参与协调合作等活动以达成集体性目标。员工在个体层面获得的工作机会不能被直接聚合成代表团队参与和组织参与的变量，因为在更高层面上，参与强调的是个体之间的交互。AMO 框架关注组织层次的人力资源管理实践和个体层次的员工行为结果变量的结合，为探索员工态度和行为在高绩效工作系统对组织绩效的影响机制上提供了解释依据。基于 AMO 框架，研究者通过大量实证研究证实了高绩效工作系统通过激发员工潜能、动机和为其提供机会来提升绩效水平。例如，辽等发现高绩效工作系统可以提升员工的心理授权水平，进而影响绩效水平。登·哈托格等的研究发现高绩效工作系统通过提高员工满意度而促进员工绩效的提升。基欧和赖特将高绩效工作系统定义为一个提升员工能力、员工动机水平，为员工提供机会的人力资源管理实践的整合系统。总体而言，高绩效工作系统中包括影响员工能力、员工动机和员工机会的三类人力资源管理实践。这三类实践通过提高员工能力、动机水平和为员工提供机会对员工产生积极影响。

社会交换理论的两个基本假设：一是两个及以上的主体之间有必要进行社

会交换；二是其中一方有义务对另外一方的积极投入给予相应的回报。社会交换强调的是互惠原则。高绩效工作系统为员工提供持续的培训、内部晋升发展和参与决策等机会。在这些组织对员工的投入被员工感知和认同后，员工会以积极的工作态度和行为来回报组织。例如：持续的培训会让员工感受到组织愿意为自己的能力提升投入资源；组织提供的内部晋升发展和参与机会让员工感受到组织相信自己的能力并重视自己的价值；根据绩效付酬会让员工体验到组织的公平和对自己贡献的尊重；团队工作和信息共享会让员工感受到组织对自己工作的支持。作为社会交换的回报，员工会产生相应的工作责任感和做出组织承诺，进而提升绩效水平。基于社会交换理论，研究者实证研究了高绩效工作系统对员工态度和行为的影响。例如，扎查拉托斯等研究了高绩效工作系统和员工绩效水平之间的关系，发现社会交换关系的质量在两者之间发挥中介作用。还有一些研究者发现高绩效工作系统会增强员工的组织支持感。根据社会交换理论，员工感知到的组织支持力度越大，员工回报的服务绩效水平越高。

总体而言，高绩效工作系统通过一系列的人力资源管理实践来增加组织对员工的投入，并促进组织和员工之间的投入 - 回报关系的匹配来提高相互交换关系的质量。作为回报，员工会表现出积极的态度和行为。

归因最早由美国心理学家海德提出。他认为归因即个体对自身、对外界的处理方式，随后有大量学者对其内涵与外延进行了进一步的研究。归因理论提出，对环境的预测和控制是人们的一种基本需要，而理解行为和事件的发生原因则可以帮助人们满足这种需要。根据海德的观点，人们行事的原因可分为内部原因和外部原因。内部归因与外部归因相比，与认知、感觉、行为之间联系更紧密。而且海德认为对归因的理解是十分必要的，因为人们对行为、事件成因的解释会决定他们接下来的态度和行为。赖特认为归因是一种内在的个体认知过程，形成于行为刺激以及后续行为之间，归因影响了个体的情绪、情感、期望，从而对个体的后续行为产生一定影响。个体间存在着很多不同之处，因为特征差异、经验差异、社会支持差异等各种因素，对于同一种社会刺激或行为结果，个体会产生不同的理解，进入初级评估阶段。在这一阶段中，个体会对这一社会刺激或行为结果进行判断。随后，个体会更加深入地去探究事件背后的原因，找出导致该行为结果的因素，进入二级评估阶段，即归因阶段。此时，个体便会产生较为复杂的心理反应，如可能会产生失望、自豪、感激等情绪，同时还会对未来的行为结果产生预期。同时，这种在归因的过程中产生的心理变化以及对于未来的预期都对个体的后续行为产生影响。

根据归因理论，由于个体认知模式的差异，个体对于相同的事件或行为产生的原因会有不同的认知或解释。高绩效工作系统作为一种综合的人力资源管理实践，内部构成较为复杂。一方面，高绩效工作系统为员工提供培训机会、决策权、共享信息、福利资源等；另一方面，高绩效工作系统以提高绩效为目的，必然会为了提高绩效水平、降低成本等设立一定的标准或规范。因为这种复杂性，员工会对组织实施这些管理实践背后的原因进行不同的解释或猜想。随后，员工会更加深入地去探究事件背后的原因，也就是会去寻找组织实施这些实践的目的或原因，因而会做出不同的人力资源管理归因。也就是说，高绩效工作系统对员工产生的影响取决于员工所做出的归因。来自两个团队的员工体验到的高绩效工作系统可能是类似的，但是对于组织为什么要实施这样的工作系统的理解可能是不一致的。这会导致个体层面上不同的结果产生。比如，不同的团队中的员工对同样的授权、信息共享和培训等人力资源实践得以实施的集体性归因可能会不同。在一个团队中，员工可能会做出集体性归因——管理者实施这种实践活动是因为管理者关心员工的幸福感。当员工认为组织实施这些实践活动是为了帮助员工成长时，就会感到自己是被重视、被尊重的，就会产生自豪、感激、被激励的心理，个体的自尊水平提升，因此会更加认可组织，进而提高自我效能感，提升个人幸福感。反之，另外一个团队的员工可能会理解为管理者是为了让股东获取更大的利益而采取这样的管理措施的。当员工认为组织实施这些实践活动就是为了剥削自己，为了让自己做更多的工作，承担更大的责任时，员工就会认为自己被压迫、被剥削，觉得组织就是把自己当成一种"赚钱工具"，不顾一切地进行压榨，在这个过程中，他们会产生失望、压抑的情绪，同时会逐渐不认可组织，对工作缺少热情，怀疑工作的意义和价值，从而降低幸福感。

2.1.5 小结

总而言之，高绩效工作系统是相互衔接、配套支持的，能够共同作用于企业绩效的一套人力资源实践系统。其内部构成的复杂性和发挥作用的协同性决定了其对员工影响的多重可能性。一方面，高绩效工作系统通过为员工提供参与的机会增强了员工在工作中的自主性，通过持续的培训提高员工多样性和技能水平从而提升员工的胜任感；另一方面，以提高组织绩效水平为核心目标的管理实践可能会加强对员工的控制而降低员工的工作自主性，高强度的工作会增加员工压力。基于此，探讨高绩效工作系统对员工幸福感影响的内在机制和边界条件，对组织和员工都具有现实价值。

2.2　员工幸福感

中国经济的飞速发展为个体带来了日渐充足的财富积累。个体从对温饱的关注转向对精神的追求。对很多企业员工而言，特别是对 90 后的新生代员工而言，工作已经不再仅仅是谋生的手段，而是实现个人幸福的路径。为此，关于员工幸福感的研究已经被认为是组织研究的重要趋势之一。本研究主要探讨幸福感的前因变量。本节内容主要包括幸福感的哲学视角、概念、结构维度、测量和影响因素等。

2.2.1 幸福感的哲学视角

幸福感是一个涉及积极体验和功能的复杂构念。我们该如何理解幸福感影响着管理员工、教授学生、为人父母、制定政策等一系列试图让人们变得更好的活动和实践？

目前，幸福感的定义大多来源于两类哲学视角：享乐主义视角和自我实现视角。享乐主义视角认为幸福是主观的，幸福感是个体纯粹的快乐体验，人们通过追求最大化的愉悦度和避免痛苦来获得幸福。自我实现视角认为幸福是客观的，是一种臻于至善的追求，幸福感是个人价值的实现，幸福源于个体对自我成长需求的不断满足。这两类哲学视角的基础是对人类本质和理想社会构成的不同观点。

基于享乐主义视角，不同的研究者提出了幸福感的不同定义。卡内曼认为，幸福感和享乐在本质上是相同的，幸福来自对快乐体验的极致追求。尽管衡量人类的快乐和愉悦体验的方式有很多种，但是大部分研究都采用主观幸福感的概念。许多研究者对主观幸福感在多大程度上可以代表心理幸福状态进行了讨论。这些讨论主要涉及两个主题：一是主观幸福感的操作定义及其测量的有效性；二是促进幸福感提升的社会活动的类型。瑞安和德西围绕这两个主题的讨论情况总结出三类观点：一是接受享乐主义观点和采用主观幸福感作为其定义；二是接受主观幸福感作为幸福感的操作定义，采用享乐主义的观点来理解主观幸福感的来源；三是拒绝采用主观幸福感作为幸福感的操作定义，并且反对从享乐主义的视角来理解幸福感的来源。在过去几十年的实证研究领域中，主观幸福感代表幸福感最为主流的取向，大量研究将其作为研究中的重要结果变量。

自我实现视角在东西方都得到了大量学者的支持。比如，亚里士多德认为享乐主义的快乐是低俗的，会让人类沦为欲望的奴隶。相反，亚里士多德指出真正的幸福是美德的体现，存在于有价值的活动中。基于亚里士多德的这一观点，我们在追寻幸福感的本质时需要区分带来短暂愉悦的主观性需求和促进人类成长的根源性需求。臻于至善这一术语的价值体现在其区分了幸福感和快乐的本质。实现论认为并非所有个体欲望的达成都有益于幸福感的提升，甚至那些可以带来愉悦感的活动未必对个体有益处，也未必能提升幸福感。由此可见，实现论认为主观快乐和幸福感并不能等同。幸福不是简单的情感体验，而是个体在深度投入能实现自我价值的活动中获得自我实现的满足。在这样的过程中，个体会感受到本真，以真实的自我存在。这种自我展示和快乐享受高度相关，但是指向不同类型的体验。比如，自我展示和个人成长发展、完成挑战、付出努力等的相关水平更高，而快乐享受和放松、愉悦等的相关水平更高。里夫和凯斯指出幸福感除了个体获得的愉悦感以外，还包括"努力达到完美，实现自我潜能"的满足感。里夫和凯斯为了区别于主观幸福感，提出了心理幸福感。其包括六个维度：自我接受、个人成长、生活目标、良好关系、环境控制、独立自主。

享乐论和实现论的思辨已经持续千年而未有定论，基于此，研究者对于主观幸福感和享乐幸福感的争论也难以达成一致。大量的研究显示，幸福感可能包括了享乐主义和自我实现主义的多维概念。比如，康普顿等的研究涉及反映幸福感的 18 个指标，其中一部分反映了主观幸福感，而另一部分则反映了个人成长，而且这两个维度本身也中等相关。金和纳普的探索研究发现，人们对美好生活特征的描述同时包括快乐、愉悦和有价值、有意义。两类视角下的幸福感既有重合又有区别。而通过不同的方式对其进行测量很可能强化了两类幸福感差异性的理解。

近年来，有学者提出从整合视角研究幸福感具有更高的信度和效度。整合视角认为单一视角无法完全代表幸福感的内涵，应结合个体对快乐的主观体验和价值实现来理解幸福感。

2.2.2 员工幸福感的概念

员工幸福感这一概念最初是由沃尔引入管理领域的。此后，研究者在组织背景下基于享乐主义视角、自我实现主义视角、整合视角对员工幸福感展开研究，相应地采取员工主观幸福感、员工心理幸福感、员工整合幸福感来表征对应概念。

①员工主观幸福感。员工主观幸福感基于享乐主义视角被提出，强调以个体的快乐体验为准则，本质是个体对自身在工作中的现实体验及认知评价，以

员工在工作环境中的物质性和精神性体验为表现特征。也就是说，员工幸福感是个体在工作中的情感和认知体验。也有学者认为员工幸福感是个体在工作中的情绪体验与工作满意度在工作情境中的综合反应。例如，当个体对工作的满意度较高，积极情感体验被频繁唤起，同时消极情感体验很少的综合状况下，个体拥有较强的主观幸福感。主观幸福感可以被理解为个体愉悦的情感从低唤醒到高唤醒的状态。具体到员工幸福感，陈建安等则强调，员工幸福感是个体对工作福利和工作相关的生活的认知与情感体验。鉴于员工主观幸福感是员工对与工作相关的认知及感受，因而其容易受到个体自身特性及外界的影响。

②员工心理幸福感。员工心理幸福感基于自我实现主义视角，强调个体的自我完善，是个体在工作中通过自身努力使个体潜能得以发挥的心理体验，以精神层面的愉悦体验为主要表现特征。达格奈斯和戴马雷指出，员工幸福感是对工作相关内容及工作过程中自身主观的积极精神体验。有学者进一步解释为，员工心理幸福感是个体在工作中，自身感受到的潜能发挥以及自我实现的程度。陈建安等提出，员工心理幸福感是员工对个体工作质量的整体评估，注重个体在工作过程中自我实现及价值发挥，强调心理幸福感是个体在追求自我实现及潜能发挥过程中的副产品。黄亮认为员工心理幸福感体验存在于个体从事与自身价值观相符的工作内容，自我完善并达到自我实现的过程中。

③员工整合幸福感。员工整合幸福感基于整合的视角，将既有区别又有联系的主观幸福感与心理幸福感进行有机整合形成统一整体，以物质性及精神性体验为主要表现特征。沃尔认为整合幸福感源于个体对其工作经历及工作职能的整体质量评价，以精神体验为主。范霍姆等则指出，员工的整合幸福感是其对自身工作全面的正向评估，涉及内容、认知、情感、行为、动机和身心五个方面。哥瑞特等则将员工在工作中的体验以及效能综合为员工的整合幸福感。帕斯卡等将员工幸福感进一步阐述为，员工在工作中积极情感的体验、潜能的发挥和自我实现。菲舍尔认为员工整合幸福感是一种多维伞状的概念，是由工作环境中个体的心境、情绪体验、态度等聚合形成的具有更好稳定性的态度。

2.2.3 员工幸福感的结构维度

基于不同的研究角度，研究者对员工幸福感结构维度的划分大致可以分为两类。

一是将幸福感的各维度迁移至工作场景中，形成员工的幸福感各维度。在工作环境中，员工的生活应当包括工作、财务、住房、健康、娱乐及环境，员工在以上六个方面的满意度就构成了员工的幸福感。迪纳认为，员工幸福感应当由其对过去、现在以及未来工作的满意度，对家庭、健康等其他方面满意度及情绪体验构成。里夫和凯斯认为当个体在自主、自我成长、积极关系、意义目标和自我接纳各方面的需求获得满足时，能够提升其心理幸福感。在此基础上，达格奈斯和戴马雷等将员工幸福感划分为工作胜任感、工作认同、工作人际匹配、工作旺盛、工作卷入意愿五个维度。类似地，沃尔将其划分为工作抱负、胜任感、自主性、工作情绪四个维度；苗元江等将其划分为自我价值、人际关系、自我成长及正向、负向情绪四个维度；邹琼等则将其划分为工作投入、心流体验、工作旺盛度、工作满意度及工作积极情感五个维度。

二是将幸福感作为一个新的概念重新探索其内部结构。范霍姆等提出员工幸福感包括情绪幸福感、职业幸福感、社交幸福感、认知幸福感、身心幸福感。在此基础上，巴尔德春将各元素进行重新整合，并增加个体层面因素，提出情感幸福感、职业幸福感、社交幸福感、身心幸福感、认知幸福感、个体幸福感六个维度结构。类似地，黄亮也对各元素进行合并、调整，并增加了新的要素——社会幸福感，认为员工幸福感由情绪幸福感、职业幸福感、认知幸福感、社会幸福感四个部分组成。还有学者从个体对生活整体、工作场所以及综合的心理体验三方面提出，员工幸福感包括生活幸福感、工作幸福感及心理幸福感。

2.2.4　员工幸福感的测量

人们对幸福感的测量经历了一段长时间的探索。在幸福感的早期研究阶段，经济学家认为收入是影响幸福感的最主要因素，并直接采用 GDP（国内生产总值）作为衡量指标。随着研究的不断发展，研究者陆续使用绿色 GDP、人类发展指数、教育、健康等更丰富的指标综合反映幸福感。随着研究的逐步深入，研究者开发了专业量表对幸福感进行测评。

早期的量表关注情感方面的测评。例如，艾伯特和科兹马编制了《纽芬兰纪念大学幸福量表》，卡曼和弗莱特编制了情感量表，迪纳等编制了生活满意度量表。沃森、克拉克和特勒根开发了积极情感与消极情感量表。布拉登将个体的情感体验分为独立的正向与负向两个维度，每个维度有 10 个题项，每个题项均采用两点计分（0 分和 1 分）。幸福感即正向情感与负向情感得分的差值，差值越大，主观幸福感越强。沃尔编制了工作情绪幸福感量表，包括 12 题，涉及焦虑、满意，消极、热情两个情感维度，具有较高的信度与效度。

随着研究的深入，幸福感测量也从单纯关注情感层面拓展到了认知层面。迪纳等开发了生活满意度量表用于测量幸福感，也从工作领域各个方面的认知角度开发需求满意度量表。在幸福感测量中被广泛使用的是生活满意度量表。

该量表由 5 个题项组成，被试依据 5 个题项的描述对同意程度进行判断。题项采用七级计分制，从 1 分到 7 分代表非常不同意到非常同意，得分越高主观幸福感越强。生活满意度量表量表具有较高的内在一致性信度及重测信度。随着国内学者对幸福感越来越关注，基于中国情境验证和修订的幸福感量表也陆续产生。例如，孙健敏通过来自中国企业员工的两个样本验证了基于西方背景开发的主观幸福感量表在中国也具备较为理想的信度和效度水平，在中国组织中也具备适用性。此外，该研究验证了员工的主观幸福感由生活满意度、积极情感和消极情感三个独立的部分构成。

也有研究者倾向于将与幸福感相关的维度及其他相关概念维度结合起来，根据研究目的设计不同的测量工具。例如，坎贝尔编制的幸福感指数量表对被试从生活满意度、情感体验两个维度进行描述。该量表有 9 个题项组成，每个题项采用七级计分制，具有良高的信度。对工作满意等相关维度的独立概念进行重新组合的方式也在诸多研究中常见。

吉吉等指出员工幸福感应涉及和工作相关的幸福感体验以及对组织、生活等其他方面的情感。目前关于人力资源管理实践和员工幸福感的实证研究对员工幸福感的测量主要有两种方式：第一，同时采用多个层面中的变量来反映员工幸福感；第二，采用通过认知评价来反映主观幸福感的量表，例如，迪纳的主观幸福感量表，卡明斯的个人幸福指数。本研究采用个人幸福指数来反映员工幸福感，测量范围包括工作、生活、健康、成就感、社会地位等十个方面的满意程度。

2.2.5 员工幸福感的影响因素

影响员工幸福感的因素可以分为个体、群体和组织三个层面的因素。

①个体层面。在个体层面上，对员工幸福感影响因素的研究主要集中在人口统计学因素和人格特征方面。

布拉德伯恩的早期研究发现个体的年龄、性别、教育程度、婚姻状况等个体特征都会影响人们的幸福感。

幸福感在年龄上的差异性一直以来是理论界关注的课题。布兰奇福勒和奥斯瓦尔德首次报告了年龄与主观幸福感之间存在着 U 型关系，U 型的最低点在 40 岁左右。而黎蓉和金江在对武汉市城镇居民的调查中也发现幸福感与年龄呈"U"型关系，但拐点在 37.6 岁时出现。徐映梅和夏伦对中国居民主观幸福感进行的研究同样证实了年龄与幸福感的关系整体上呈现两头高中间低的 U 型关系，而 30 ～ 49 岁中年人幸福感最弱。虽然幸福感与年龄呈现 U 型关系是目前研究结论中最多的，但由于不同研究对年龄的分段不一，拐点出现的位置有所出入。其中大多研究采用较为宽泛的年龄段。

而陈婉婷和张秀梅对我国居民主观幸福感的实证研究表明随着年龄的增加，居民幸福感增强。国外也曾有研究指出年龄与幸福感之间关系的一致性，也曾有少部分的研究指出幸福感随年龄的增长而减弱。

综上所述，我们可以看出，关于年龄与幸福感关系的研究，一方面，存在"U"型关系说，但对于具体的拐点出现位置，各个研究结论并不一致；另一方面，又存在着居民幸福感随年龄增加而增强或减弱的论断。此外，目前年龄与幸福感研究对象主要为居民，没有针对从业人员这一特定群体的研究。因此，中国从业人员年龄与幸福感之间的关系还有待进一步探索、研究。

在以往的社会调查和学术研究中，性别与幸福感关系的研究结果存在差异。阿格尔对二十多年来西方研究者关于主观幸福感的相关文献进行分析后发现，在总体生活满意度和积极情感方面，性别差异极小。邢占军的研究结果也表明，男性和女性在主观幸福感上的得分差异没有达到显著水平。然而，前者是国外研究，而后者研究时选取的样本是山东省居民，对于考察中国从业人员幸福感水平来说缺乏代表性。

然而另有研究表明，幸福感的性别差异是存在的。闰丙金在 2006 年全国城乡综合社会调查数据的基础上研究发现，女性明显比男性更幸福。

这些相互矛盾的结果，也为我们进一步深入探究性别与幸福感的关系提供了动力。

教育对幸福感影响的观点可以被归纳为两种。一种是教育对幸福感有正向影响。例如，卡乌认为学历能提升幸福感，受过良好教育的人有更高的总体满意度。高学历的个体在日常生活中感觉更快乐，对生活品质的满意度也较高。凯瑟琳与玛莉分析了教育对主观生活质量的影响途径后发现，良好的教育有助于人们获得稳定的高收入工作、控制更多的经济资源及建立稳定的社会关系，从而增强其主观幸福感。另一种观点是，教育程度对个体幸福感会产生负向影响。克拉克和奥斯瓦尔德发现教育程度与主观幸福感之间具有显著的负相关性，即受教育程度越高，主观幸福感越低。教育程度高的个体自我期望亦高，且有强烈自我优越感，一旦遭遇事业、经济衰退等挫折，其幸福感比他人下降得更厉害。由此可见，教育程度与幸福感之间并非单纯的线性关系。至于教育程度对主观幸福感会产生正面还是负面影响，研究者们的结论并不一致。单纯将大学生、研究生和博士生归为一类的做法并不严谨。因此，将教育程度进行细分对从业人员幸福感的研究是必要的。

婚姻生活往往被人们视为幸福人生的一个重要组成部分。这一点已被西方许多研究者的研究所反复证实。20 世纪 70 年代，坎贝尔等人甚至将婚姻和家庭视为预测美国人总体幸福感的 15 个因素中最主要的两个因素。布朗恩等人的研究表明，由于配偶所提供的社会支持，婚姻因素会有助于提高主观幸福感水平。国内学者杨超杰等对兰州居民 2007 年和 2012 年的调查结果也表明，婚姻状况是影响居民幸福感的最稳定因素之一。

然而，我国台湾研究者陆洛采用自编的幸福感量表和生活满意感量表对当地居民进行的研究表明，仅仅在家庭和工作满意度方面，有婚姻生活者得分明显高于无婚姻生活者，但在幸福感上两组得分差异不显著。大陆邢占军与金瑜在山东省范围内取样，对我国城市居民婚姻状况与主观幸福感的关系进行了初步研究，也得出了与西方研究者不同的结论：从总体上看，城市居民中无婚姻生活者主观幸福感强于有婚姻生活者，但性别是影响城市居民婚姻状况与主观幸福感关系的重要因素，有婚姻生活的女性比没有婚姻生活的女性体验到更强的幸福感，而男性则恰恰相反。我们可以看出，关于婚姻状况与幸福感关系的研究并无定论。究竟两者之间的关系如何，而且对于从业人员这个群体来说，上述结论是否具有适用性，都需要相关研究者进一步进行研究和探索。

人格对主观幸福感的作用的研究，起源于有关双生子的研究，特勒根等人的研究表明气质在儿童的情感体验中具有重要作用。与其他因素相比，主观幸福感更多地与人格相关。并且根据个体的人格，研究者可预测其 10 年甚至 20 年后的主观幸福感。随着人格和主观幸福感研究的深入，许多致力于研究主观幸福感的心理学家均得出了类似结论。卢卡斯和迪纳于 2000 年对 39 个国家的跨文化研究证实了外向是快乐的核心成分。

丹妮芙和库珀通过对 197 项研究进行元分析后得出，主观幸福感和多个人格特质变量显著相关。一些相关研究显示：个体的外倾性、宜人性和主观幸福感正相关，而神经质和主观幸福感负相关。还有研究者研究了大五人格和心理幸福感的关系，发现外倾性、责任性和低神经质和自我接受、环境控制、生活目标正相关，开放性和个人成长正相关，宜人性、外倾性和积极关系正相关，神经质和独立自主负相关。除了大五人格以外，情绪智力对幸福感的积极影响也得到了验证。相比于情绪智力水平较低的员工，高情绪智力的员工更擅长和他人建立良好和互动关系，更容易在工作中产生积极情绪，从而有更高的工作满意度和幸福感。主动型人格也是员工幸福感的有效预测变量。具有主动型人格的员工会在工作中进行更多的工作重塑行为，通过改变工作特征来提升自我的幸福感。在组织环境中，员工的自我效能感能够积极促进主观幸福感的提升。

②群体层面。在群体层面上，对员工幸福感影响因素的研究主要集中在领导风格和主管 - 下属关系方面。

在工作情境中，领导具有向员工分派工作任务和划分资源的权力。这会影响员工获得的资源、工作过程的体验和对工作任务的感知。积极的领导风格能够通过情绪唤起、身份认同等方式激发员工的干劲与斗志，在给员工带来积极情感体验的同时，提高员工的幸福感。例如，变革型领导通过关怀员工等行为满足员工的需要，通过描绘美好的未来和组织愿景激发员工的乐观精神和工作激情，从而减少员工的消极情绪，增强员工的积极情绪。此外，伦理型领导方式和魅力型领导方式都被验证有助于提高员工幸福感。

领导作为下属所处环境的重要情境变量，会影响到下属的态度和行为。格斯特纳和戴的元分析研究发现，主管 - 下属关系可以显著预测员工的工作满意度和组织承诺水平。张征的实证研究发现，主管 - 下属的匹配通过影响主管 - 下属的关系质量来影响员工幸福感。斯特林格的研究指出，高质量的上级 - 员工关系与员工的工作满意度正相关。而对于中国样本的检验也印证了领导成员关系质量与员工满意度的正向关系，如黄湘礼以高校教师为例发现员工与领导关系质量与员工满意度正相关。

③组织层面。在组织层面上，对员工幸福感影响因素的研究主要集中在人力资源管理、工作特征、组织氛围等方面。

斯特指出员工参与、信息共享等人力资源管理实践活动会提高员工的工作满意度和生活满意度。博恩和奥斯特洛夫的研究基于信号理论证明了高绩效工作系统可以通过向员工传递积极的信号来影响员工对组织实施的高绩效工作系统和工作氛围的积极感知，使员工形成个人和组织匹配一致性的认知，提升员工对组织的信任度和积极心理感受，从而促进员工幸福感的提高。杜旌发现高绩效工作系统可以通过实施一系列具体的人力资源实践活动来提高员工的自我效能感，进而提高员工幸福感。也有学者从动机视角验证了高绩效工作系统对员工幸福感的积极作用。

贾奇等发现工作特征可以促进员工积极态度的形成；技能多样性和工作重要性可以增强员工在工作过程中的责任感和价值感。张一弛等以一家通讯集团的 28 家分公司的员工为样本，发现工作特征模型中的工作自主性、工作完整性和工作重要性都可以显著提高员工的工作满意度，但技能多样性对员工满意度的影响并不显著。布兰奇和奥斯瓦尔德的研究显示，相比于传统从业者，自由职业者的幸福感更强。肖费立和巴克基于工作要求 - 资源模型通过对四个独立样本进行研究后发现，工作要求的提高会导致工作倦怠的产生，以及有损员工健康，工作资源的增加则有助于减缓工作倦怠且提高员工的工作投入度。哥瑞特等将工作倦怠和工作投入作为衡量员工幸福感的重要指标，由此可见，工作要求、工作资源作为工作特征也会显著影响员工幸福感。伊顿 等从工作要求-资源模型的角度指出，角色模糊、角色冲突、工作复杂度、工作控制权等工作要求型特征会给员工带来压力，进而降低员工幸福感。虽然工作特征和员工幸福感之间的关系已经有较为丰富的实证结论。但这些结论大多基于同一个时间点的数据，证据支持显得不足。工作时长是反映工作强度特征的一个客观指标，每周工作的小时数和员工幸福感之间存在显著的负相关关系。

帕克等的元分析研究发现，角色氛围、工作氛围、领导氛围、组织氛围四个维度分别都和员工幸福感显著正相关。一些研究者的实证研究发现，创新型组织文化通过为员工提供施展个人才能的机会来提升员工幸福感，团队型组织文化通过为员工提供资源支持来提升员工幸福感，结果导向型的组织氛围对硬性指标的强调则会降低员工幸福感。在中国组织情境下，个体的集体主义价值观和组织的集体主义氛围交互影响员工幸福感。

2.2.6 小结

通过综合分析已有的员工幸福感研究，可以发现以下几点。一是员工幸福感是当下组织行为领域的热点话题，受到广泛关注。二是相关研究者对员工幸福感的概念正在逐步达成共识。目前的员工幸福感定义大致可以分为从主观幸福感、心理幸福感和整合幸福感三个从不同哲学视角出发的定义。三是员工幸福感的测量量表仍然纷繁复杂，一方面为研究者进行研究提供了大量可供选择的测量工具，另一方面导致了相关研究者不易对各研究结论进行比较。四是对员工幸福感的前因的研究主要集中在个人特质、领导行为、工作特征等因素上。

2.3 工作特征

工作设计对员工在工作时的心理状态非常重要。在人工智能和机器人已经逐步替代大量人类工作的当今时代，仍然有人类从事的、采用非标准化作业方式的岗位。对于这些保留下来的工作，如何实现高质量的工作设计正在变得史无前例的重要。本研究基于工作特征视角，探究工作特征如何在高绩效工作系统和员工幸福感之间发挥作用。

2.3.1 工作特征的研究背景

自泰勒 1911 年提出科学管理概念以来，关于如何组织工作的课题持续受到关注。最初，将工作任务分解为简单成分的简化原则占据主导。科学管理的核心思想就是通过将工作系统尽可能设计为标准化操作以及将其高度简化，从而使得工人就像标准的机器零部件一样容易被替换，以此实现对生产的高度控制和提高效率。亨利·福特对这一思想进行了充分的实践探索并取得了巨大的成功，他将组装一台 T 型汽车的时间从 12 个小时缩短为 90 分钟，这种简化工作内容和降低员工自主性的工作设计在制造业成为主流。问题是人类并不喜欢常规化的、重复性的工作。因此，在生产效率得以提升的同时，工人对这种简单化工作产生了不满，随之产生了高离职率、高缺席率和其他负面后果。这种现象引发了人们对员工心智健康和工作满意度的关注。与此同时，对工作动机的研究日益兴起。赫茨伯格提出为了激励人们更好地工作，应该将工作丰富化而非简化。赫茨伯格认为，组织应该将工作目的设计为培养员工的责任心和成就感，帮助员工获得在认知和胜任力上的发展。在这样的背景下，工作设计转向新的研究方向，开始重视员工的满意度和工作生活质量。研究重点也转移到了对工作特征的本质上。相关的实证研究也随之大量出现。

工作特征模型是理解工作如何能满足人类的基本需求的逻辑结论。赫茨伯格等通过对会计师和工程师进行访谈发现仅有认知和成就感这类的内部工作因素才是动机的本质。尽管这些理论在很大程度上并没有得到验证支持。但是这些理论的提出仍然至关重要，因为这些理论指出了内在的工作特征影响员工动机。这引发了人们对工作丰富化的关注并推动了工作特征模型的发展。在赫茨伯格等人的研究基础上，特纳和劳伦斯的研究以来自 11 个组织的 47 个职位的 470 位工人为样本得出，自主性和责任感等必备任务特征和出勤率及工作满意度紧密相关。特纳和劳伦斯也识别出了相关任务特征，如收入、轮班时间和机械化水平。此外，该研究设计了对重要工作特征的测量方法。这为哈克曼和劳勒的研究奠定了基础。在此期间，学者对工作设计展开了大量研究，直到哈克曼和奥尔德曼提出了工作特征模型，才终止了持续 15 年的探索。自此，工作特征模型也成了最有影响力的研究模型。

2.3.2 工作特征的定义

在界定工作特征的概念之前，有必要先给出工作的定义。根据《现代汉语大辞典》的定义：作为动词时，工作指从事的体力或脑力劳动；作为名词时，工作指代职业或任务。《柯林斯英汉双解大辞典》将 "job" 描述为人们用于获取收入的工作、任务，或者某个特定的人需要承担的责任、功能。翁和埃皮恩认为工作是分派给员工的任务的集合。从这个视角出发，工作设计仅围绕组织分配的任务的内容本身展开。个体在工作中不仅仅完成指派的任务，也会投入到临时产生的、社交性的，甚至有时是自己发起的活动中。这也就是说，人们会扮演复杂多样的工作角色。帕克从更为宽泛的视角出发将工作设计定义为对工作和所扮演角色的内容、结构和环境的学习、创造和修正。这一更广泛的定义指出，工作特征可以部分被在职者塑造，而且允许在团队层面考虑工作设计。

工作特征的概念最初来自泰勒提出的"科学管理"四原则，即工作标准化、工作专业化、工作简单化和工作系统化。特纳和劳伦斯基于前人的研究提出必要任务属性理论。该理论认为工作包括必备的六项特征：自主性、多样性、必备的知识和技能、工作责任、必要的互动和选择性的互动。在此基础上，哈克曼和劳勒指出了工作特征的四个核心维度（多样性、自主性、任务完整性和工作反馈）和两个人际维度（和他人接触、获得友谊的机会），并通过实证研究探索了这些维度和内部动机、工作满意度、工作质量和缺勤率之间的关系。该实证研究结果表明，四个核心维度对结果变量具有预测作用，而两个人际维度和结果变量的关系并不显著。到目前为止，学者对工作特征的结构维度的观点尚未达成一致。当前存在多种划分工作特征结构维度的方式（见表 2-1）。

表 2-1　工作特征的不同结构维度

研究者	个数	结构维度
特纳和劳伦斯	6	自主性、多样性、必备的知识和技能、工作责任、必要的互动、选择性的互动
哈克曼和劳勒	6	四个核心维度：多样性、自主性、任务完整性、工作反馈；两个人际维度：和他人接触、获得友谊的机会
斯通和波特	9	工作环境、工作技能、工作安全感、回馈性、挑战性、自主性、人际关系、薪资福利、工作内在报酬
哈克曼和奥尔德曼	5	工作自主性、技能多样性、任务完整性、工作重要性、工作反馈
卡拉斯克	3	工作要求、工作控制、社会支持
丹默柔提等	2	工作要求、工作资源

研究者	个数	结构维度
摩根森和汉弗莱	19	计划自主性、决策自主性、方法自主性、任务多样性、任务重要性、任务完整性、工作反馈、工作复杂度、信息处理、问题解决、技能多样性、专业化、社会支持、初始互依性、结束互依性、组织外部的互动、他人反馈人体工效学、身体要求、工作环境、设备使用

在众多的工作特征测量量表中，哈克曼和奥尔德曼、卡拉斯克量表，摩根森和汉弗莱是最为主流的测量工具。其中，摩根森和汉弗莱对工作维度做了进一步的细化和补充，将工作维度分为四个方面 19 个维度，四个方面分别是任务特征、知识特征、社会特征和工作环境。有关研究发现，被广泛使用的工作特征的五个维度（工作自主性、工作完整性、技能多样性、工作重要性和工作反馈）作为一个复杂的整体发挥的作用大于每一个独立的维度。为此，本研究将这五个核心工作维度作为一个整体变量来考虑。

2.3.3 工作特征的测量

①测量主体。测量工作特征的方式有两种：一是自我报告，二是他人报告。通过对比员工自我报告的工作特征的分数和主管或观察者评估的工作特征，研究者发现：他人报告工作特征的方式虽然可以因为评价人较低的利益关联度和个人卷入度能一定程度上保证评价的客观性，但是他人评价的分数比自我评价更容易受到人为错误的干扰，很难以他人评价的工作特征分数作为评判自我报告准确性的标准。阿尔及利娅发现，由任务执行者和任务非执行者评价的 24 项任务特征得分，在任务特征和 17 项因变量之间的相关系数上并不存在显著差异。詹金斯、格利克和吉普塔的研究也发现，在职者和观察者评价的工作特征得分，和在职者的整体工作满意度的相关性上没有显著差异。也有一些研究发现，员工报告的工作特征和主管报告的工作特征并不存在显著相关性。从总体上看，这些研究发现了在职者评价的工作特征和其他人评价的工作特征存在相似性，但两者之间也可能存在一些差异。然而，这两者之间的差异并不会使采取不同评价主体的实证研究面临直接挑战。

②计算方式。费里斯和吉尔摩分别通过 MPS（主生产计划）公式计算、简单相加法和乘数相加法计算了工作特征的得分，结果显示 MPS 公式计算得到的分值对结果变量的预测性最强。但是后续大量的研究都未得到类似支持。顿顿和比德曼的研究结论并不支持激励潜能指数 MPS 的计算方式，所以，他们

认为该公式并不成立。费里德和费里斯通过对 200 多项实证研究进行元分析得出的结论是，五个核心维度简单相加的方式优于 MPS 的计算方式。

2.3.4 工作特征的作用机制

工作特征模型自被提出以来就成了工作特征研究领域最为主流的解释模型。后来的工作资源 - 要求模型也被广泛应用于对工作特征的解释中。此外，社会认同理论从工作特征会强化个体的组织认同角度对作用机制进行了解释。

①工作特征模型。工作特征模型是同时在科学效度和应用有效性排名前列的理论之一。哈克曼和奥尔德曼的研究以来自 62 个职位的 600 多位员工为样本开发了工作特征测量工具——工作诊断调查，并检验了工作特征模型。尽管工作诊断调查包括了七个工作维度，但是仅有五个被视为核心维度，即技能多样性、任务完整性、任务重要性、自主性和工作反馈。后续大量的研究也都认为这五个维度是关于工作特征最为核心的内容。具体而言，技能多样性是指工作要求进行的大量的不同活动，包括使用不同的技能和个人才华；任务完整性是指工作要求进行一整套从头到尾的完整的可识别的任务内容；任务重要性是指工作对他人的生活产生影响的程度，包括组织内部和组织外部，甚至是全球范围内的他人；自主性是指工作所提供的自由和独立程度，以及员工安排工作计划和决定工作程序的自主权限。工作特征模型的基本观点是，五个核心工作特征会造成三种关键心理状态，进而产生一系列个人和工作结果。具体而言，哈克曼和奥尔德曼提出任务重要性、技能多样性和任务完整性这三个工作特征中的每一个都可以提升员工对工作意义感的体验。自主性有助于员工认识到自己对工作结果负有责任。工作反馈能够为员工提供了解工作结果的直接信息。当这三种心理状态存在的时候，也就是说，当员工体验到工作意义感、感受到对结果的责任并且了解了工作完成结果的时候，他们会有更强的内部动机将工作完成得更好。重要的是，当工作缺失了意义感，或者员工仅仅是按照要求的程序行事，或者无法获得工作完成得如何的信息，那么即使员工的工作完成得不错也不会产生心理上的认同感和满足感。

尽管目前在国际社会中有不少学者都批评了工作特征模型。但是该模型多年来在工作设计领域仍然占据主导地位并仍然具有极大的影响力。多年来，哈克曼和奥尔德曼都是 JAP 引用率第二高的文章。该模型之所以有如此大的影响力，是因为五个核心工作特征和大量的情感、行为结果紧密相关。但是，工作特征模型描述的具体的模型得到的支持非常有限，仅有少量的实证研究支持了成长需求的调节作用和三种心理状态的中介作用，这些研究普遍认为对工作意义的体验才是最关键的心理状态。工作特征和人格的交互影响验证了工作特征模型提出的工作特征的影响作用存在个体差异的观点。

②工作要求-资源模型。该资源模型的核心假设：每个职业都有着与工作压力有关的特定因素。这些因素可以被归为两大类：工作要求和工作资源。工作要求指的是工作中需要的持续的生理和心理上的（认知和情感）努力，并且具有与某些生理和心理成本相关的特性。虽然工作要求不一定都是负面的，但是当满足这些要求需要付出巨大的努力而员工又无法充分休息时，这些要求可能会转变为工作压力的来源。工作资源指的是工作中具有以下任意一项功能的物理、心理、社会或组织特性：第一，实现工作目标的功能；第二，减少工作要求以及相关的生理和心理成本；第三，促进个人成长、学习和发展。工作资源可以被定位在宏观层面、组织层面（如报酬、职业机会、工作保障等），人际关系层面（如主管和同事的支持、团队气氛等），岗位层面（如参与决策等）以及任务层面（如技能多样化、任务认同、任务重要性等）。工作要求-资源模型认为，工作要求和工作资源的相互作用对于工作压力和动机具有重要影响。工作资源可以缓解工作要求对工作压力的影响，包括工作倦怠。

社会认同理论。社会认同理论的核心观点：个体归属于某个或某些群体是一种心理状态，这种状态不同于个体独立存在时的心理状态，个体会把自己和其他人视为该群体的成员而非独立存在的个体。泰弗尔提出一个人的部分自我概念来源于他对自己作为某个社会群体成员的认识，个体所获得的群体成员资格会赋予其某种情感价值意义。无论个体是被动地被归类于某个群体，还是主动地选择加入某个群体，个体都会产生对该群体的社会认同感。社会认同理论和组织身份相关，为人们理解工作特征对员工的影响提供了一个不同的理论视角。在组织环境中，员工将自己定义为组织中的成员。组织成员的身份是员工社会认同中的一个重要构成。组织身份是员工的身份的一个重要组成部分。一个人的组织身份是指员工在工作中是什么样的人，以及在工作中会变成什么样的人。根据组织认同模型，员工和组织的清晰关联有利于增强个体作为员工的组织身份认同感。个人渴望构建积极的组织身份是大多数社会学和心理学领域关于身份认同研究所持有的普遍假设。所谓积极的组织身份，指的是个体作为组织成员的一系列的自我概念。员工会以某种方式作为组织成员体验到益处或价值。如果一个组织是被自己和他人尊重的，那么个体就能在这个组织中体验到荣耀。

工作特征为员工提供了许多通过将自己与组织相关的积极来源联系起来，从而为自我赋予积极意义的方式。例如，工作自主性、多样性等特征会为一名汽车修理工提供更改任务和关系边界的可能性，让他有机会与对组织有积极印象的客户直接接触，获得客户对自己的积极评价，进而产生自我认同感。通过自己的工作来体验他人对组织的积极评价也可以是集体性的。例如，员工通过收集他们所在的组织以及自己作为成员获得的良好工作的反馈来更积极地定义他们的组织，他们也会因此感到自己是受到重视和尊重的人。组织认同的相关研究认为，员工所持有的认同感是员工态度形成的基础。当员工感受到组织对自己的尊重和重视时，就会加强自我表征，进而强化他们的组织身份认同。当员工所做的工作具有高水平的自主性、工作重要性等核心工作特征时，员工会有更强烈的自我表征。这会强化他们的身份认同。这种身份认同会成为员工形成积极工作态度的一种资源。

2.3.5 工作特征的相关研究

就工作特征的前因研究来看，已有的研究主要关注了个体特征因素和情境因素。奥赖利、帕尔提和布卢姆发现，年龄、收入、工龄、父辈收入、教育程度、工作态度等个人特征因素会影响员工对任务特征的知觉。也有研究指出，员工对工作特征的知觉并不会受到以上这些因素的显著影响。人格特征也会对工作特征起到显著预测作用。比如，核心自我评价对工作特征的各个维度都有显著影响，其中，自尊、整体自我效能感、控制缺失和工作特征显著正相关，神经质和工作特征显著负相关。早期的很多研究指出，社会线索会影响员工对工作特征的知觉。组织结构特征是影响工作特征的一项重要前因变量。组织结构的正式化程度对不同的核心工作特征会产生不同影响。比如，正式化程度越高，组织中的规范化程度就会越高，程序和流程会越标准，进而降低员工的自主性、任务多样性和任务完整性。但是，组织中的规范性的会议制度、正式的绩效反馈会在一定程度上提高工作反馈水平。

就工作特征影响来看，工作特征是管理领域和心理领域的很多重要结果变量的关键前因变量，包括生产力、幸福感、压力、工作绩效、创新等。工作特征可以显著预测员工的工作满意度。相关的多项元分析研究表明两者之间呈中等程度的正相关。波德萨科夫等的元分析发现，工作特征是预测组织公民行为一致性最关键的变量。已经有大量研究证明，工作特征可以有效预测员工幸福感。

就工作特征的中介作用来看，工作特征同样也是其他变量（如领导力、雇佣关系等）和结果变量之间的中介变量。在五个核心工作特征维度中，工作自主性的中介作用在近几年得到了广泛关注。比如，皮酷等发现工作自主性在伦理型领导和任务绩效与组织公民行为之间发挥中介作用，伦理型领导通过改变工作自主性的特征激发员工的潜力从而提高绩效。将工作特征整体作为中介变量的实证研究比较少，且大部分相关的实证研究基本关注领导作用的影响机制。王丽娟和吴宇星的实证研究验证了工作特征在变革型领导和工作满意度之间的中介作用。

2.3.6 小结

虽然工作特征的研究已经持续了半个世纪，但已有的研究主要集中在对其前因变量和结果变量的研究上，将其作为中介变量的研究甚少。这在一定程度上限制了工作特征的理论发展。工作作为连接组织管理政策和员工工作体验的主体，其在高绩效工作系统和员工结果变量之间的作用不应该被忽略。因此，本研究探索了工作特征在高绩效工作系统和员工幸福感之间发挥的作用机制。

2.4　家长式领导

在组织情境中，领导是影响企业和个体结果变量的重要因素之一。一直以来，基于西方文化背景提出的领导风格占据着绝对的主导地位。近年来，家长式领导作为源于东方文化根源的领导风格受到了广泛关注。随着中国经济的崛起，领导者在其中的作用功不可没。所以，针对中国本土的领导学研究受到关注。在中国组织情境下的领导学研究中，家长式领导是中国本土领导方式的代表，以"立威"和"施恩"两大特点并行为主要特点。家长式领导为本位领导学研究范式与本土领导学研究做出重要贡献。

2.4.1 家长式领导的概念

从文化渊源上看，家长式领导来自父权主义的思想。马克思·韦伯将父权主义定义为一种合理的权威。在《经济与社会》一书中，韦伯区分了三类合理的统治方式：传统的统治、仁慈的统治以及官僚的统治。传统的统治以父权权威为现实基础。传统的父权权威源于家长式家庭。在家长式家庭中，权威拥有者和非权威拥有者处于不平等的关系中，权威拥有者有责任和义务向非权威拥有者提供关照和扶持，作为回报，前者期望后者保持服从和忠诚。在管理学的父权主义研究中，克富特和奈茨指出管理者履行着类似家庭中父亲的角色职责。管理者通过行使权力保护员工以及提高员工的生活水平，且能在降低员工压力水平的同时，促使员工的行为更具有服从性和预测性，进而降低管理者的压力水平。

艾肯和程等指出，家长式领导是一种在亚太地区、中东地区和拉丁美洲都普遍存在的领导风格。在家长式领导研究领域，目前存在两支核心研究力量，一支是我国台湾学者郑伯埙及其团队，另一支是土耳其学者艾肯及其团队。两支团队都提出了家长式领导的概念并开发了各自的量表。两支团队的家长式领导研究的相同之处体现在，都强调家长式领导源于父权主义，都强调权威性，且都具有领导同时控制和关怀员工的工作和生活的二元共存特征。除此以外，两支团队提出的家长式领导在概念和测量上都存在很大差异。

郑伯埙团队的家长式领导研究脱胎于茜琳、雷丁以及韦斯特伍德对于中国以及其他华人地区的企业领导风格的研究成果。郑伯埙团队的家长式领导是指在人治氛围中，领导者展现权威的同时，也对下级投以父亲般的仁慈并坚守廉洁的道德行为准则。这类领导往往表现出恩威并施的领导行为特点。郑伯埙的家长式领导由三个维度构成，分别是威权、仁慈和德行。具体而言，威权强调领导者的个人权威和对下属的支配控制，包括"专权作风""贬损下属""形象整饰"和"教诲"等行为，相应地，下属会表现出"顺从""服从""敬畏"等行为反应。仁慈强调领导者对员工的工作、生活甚至家庭的个性化的持久的关照，包括"个别照顾""体恤宽容"等行为，相应地，下属会表现出"知恩图报"的行为反应。德行强调领导者自身具备的较高的德行标准、自律、无私等高尚品质，包括"公私分明""以身作则"等行为，相应地，下属会表现出"认同效法"等行为反应。郑伯埙等人从中国文化传统上找根源，综合了法家和儒家学说对家长式领导的概念进行了阐述。法家学说强调等级威严，强调对下位者的严格控制，为威权领导提供了土壤；儒家学说强调上下有别，上位者必须照顾下位者的文化传统，是仁慈领导与德行领导的主要思想来源。基于中国组织情境提出的家长式领导，下属的反应与领导的行为是配对的。威权领导行为对应的是下属的敬畏顺从行为，仁慈领导行为对应的是感恩图报，德行领导行为对应的是认同效法。然而，这三类领导能否被整合为一个构念以及如何整合成一个构念，即郑伯埙等提出的家长式领导是否存在目前尚未定论。此外，这三类领导是否会同时存在于同一个组织情境中或者同一个领导者身上，也仍需进一步探究。

艾肯团队的构念主要包括工作环境中的家庭氛围、参与员工工作外的生活和领导对下属忠诚的期望三个维度，将家长式领导定义为一种领导者与下属互动的二元关系。艾肯团队认为，领导者有责任和义务在工作和非工作情境中为下属提供所需的关照、支持和指导，作为回报，下属应该忠诚和服从领导者。在工作场所中，家长式领导致力于营造家庭式的工作氛围，如父亲般对待下属，为下属提供关于工作和生活方面的诸多建议；在非工作场所中，家长式领导也会积极参与下属的重大私人事件。作为对领导付出的回报，下属应该保持长期的忠诚、对领导决策的支持和认同、愿意因公牺牲个人休息时间等行为。

　　总体而言，在威权方面，艾肯团队提出的家长式领导并没有郑氏家长式领导的程度深。郑氏家长式领导的概念非常强调对下属的严密控制，当下属出现违规行为时会对其采取严厉的处罚，而艾肯团队提出的家长式领导则温和很多，这类领导虽然期待下属服从，但是更多地从支持下属而非控制下属的角度出发。对比家长式领导，艾肯团队提出的家长式领导与仁慈领导维度更为接近。

2.4.2 家长式领导研究中用到的测量工具

　　①郑氏团队的测量工具。郑伯埙团队的家长式领导的量表由三个分量表构成：威权领导量表、仁慈领导量表和德行领导量表。郑伯埙等开发的原始量表一共包括 33 个测量条目。随着研究的逐步深入，先后有多位学者对该量表进行了修订，出现了多个条目的版本，有 28 个条目的版本、26 个条目的版本与 15 个条目的版本。目前，研究者对测量工具的选择偏好不一致。多个版本的家长式领导的测量工具都在实证研究中被采用过。研究者关于威权领导、仁慈领导以及德行领导三个维度能不能被整合，以及如何被整合成家长式领导还没有得出统一的结论。也有学者提出质疑，在同一个组织环境中或者同一个领导者身上，是否存在郑氏家长式领导的三维模式。基于构念存在的问题，研究者主要从两个方面进行了处理。一是将威权领导、仁慈领导和德行领导分成独立的三个构念来进行研究；二是将威权领导中一些会造成负面影响的条目删除。

　　②艾肯团队的测量工具。艾肯团队提出的家长式领导的初始量表是单个维度，由 5 个条目构成：理想的领导应该像父亲一样；领导应该知道什么对于下属是最好的；领导应该像父亲一样指导下属，为员工指明方向；有权威的领导应该像照顾子女一样对待下属；领导应将自己的经验和智慧作为对下属的有效指导。在此基础上，艾肯团队后续进行了两轮修订。艾肯团队的测量版本包括五个维度 21 个条目。五个维度为工作环境中的家庭氛围感、与下属的个人关系、参与到下属的非工作领域中、对下属的忠诚期望、地位与权威状况。在此基础上，艾肯、森等在检验了该量表的跨文化适应性之后保留了其中的三个维度，分别是工作环境中的家庭氛围、参与员工工作外的生活、领导对下属忠诚的期望。

2.4.3 家长式领导的相关研究

近些年，研究者对家长式领导研究的热情持续高涨，但研究成果都聚焦在对家长式领导的结果变量上，关于家长式领导的前因变量的研究并不多见。

关于家长式领导的预测变量的研究主要集中在领导者和下属的个人特征方面。领导者的性别特征对家长式领导的产生并无显著影响；下属的价值取向会影响家长式领导的产生，当下属偏向集体主义价值观和家族取向时，领导者会更容易形成家长式领导风格；此外，组织价值观也是影响家长式领导的重要因素。

关于家长式领导的研究主要集中在对结果变量的影响上，研究成果主要体现在三个层面：个体层面、团队层面和组织层面。

①个体层面。家长式领导是影响下属的工作态度、行为和绩效的重要变量。在下属的工作态度预测上，郑伯埙等构建的三个维度在预测方向上不一致。威权领导与下属组织承诺、工作满意度、留职意愿、组织公平感等工作态度负相关；仁慈领导、德行领导与组织承诺、工作满意度、留职意愿等工作态度正相关。例如，龙立荣等人的研究发现，威权领导对员工的工作疏离感有显著的正向影响，仁慈领导对员工的工作疏离感有显著的负向影响；邓志华和陈维政的研究发现，威权领导对员工的工作满意度有显著的负向影响，德行领导和仁慈领导对员工的工作满意度有显著的正向影响。在下属的绩效预测上，郑伯埙等构建的三个维度在预测方向上没有得出统一结论。已有的实证证据指出威权领导与下属工作绩效没有关系或者负相关，与组织公民行为或正相关或负相关。仁慈领导、德行领导与建言行为、工作绩效、组织公民行为正相关。例如，段锦云的实证研究显示，德行领导会促进建言行为的发生，而威权领导则对建言行为有抑制效应；王双龙通过对461组上下级配对样本进行研究后发现，威权领导会对下属的创新行为产生负向的影响，仁慈领导会促进下属的创新行为表现。此外，王甜、苏涛和陈春花的元分析研究发现，在对个体层面的影响程度上，仁慈领导和德行领导对员工工作态度的影响要大于对员工工作绩效的影响。总体而言，威权领导具有对下属很严苛、严密控制信息和贬低下属能力等特点，会打击下属的工作积极性，负向影响下属的工作态度、行为与绩效；仁慈领导支持下属，关心下属的工作与私人生活，会提高下属的工作积极性，正向影响下属的工作态度、行为与绩效；德行领导以身作则、以身示范，能够引导下属向积极的方向发展，正向影响员工积极的态度、行为与绩效。

②团队层面。家长式领导的三个维度对团队有效性的影响也存在一定的争

议，特别是威权领导和德行领导对团队绩效的影响。具体而言，陈璐等人以 57 个高管团队为研究样本发现，威权领导和德行领导对团队创新绩效没有显著影响，仁慈领导通过心理授权间接提高团队的创新绩效。高昂等人通过对 139 个团队进行研究后得出，威权领导对团队绩效有显著负向影响，仁慈领导和德行领导会促进团队绩效水平的提升。逢晓霞对首席执行官领导风格和高管团队行为整合的关系进行研究后发现，威权领导不利于高管团队的行为整合，会阻碍团队成员之间的沟通和交流，仁慈领导和德行领导则有助于高管团队的行为整合，会促进交流合作氛围的形成。

③组织层面。家长式领导对组织层面的影响近期受到了研究者的关注，特别是家长式领导对组织学习和组织创新方面的影响。已有研究发现，家长式领导对组织学习和组织创新有积极作用。傅晓通过对重庆市 159 家高科技企业进行研究后发现，家长式领导对组织创新有显著影响，且在创新的不同阶段产生的影响有所不同。例如，威权领导对组织创新的产生有负向影响，但会促进创新想法的有效实施；而仁慈领导对组织创新的产生有正向影响，但并不利于创新想法的执行。于海波等人的研究表明，家长式领导的三个维度对组织学习都有积极的促进作用。

就家长式领导研究的调节作用来看，相关的研究并不多。仅有的研究也都采用了郑氏团队提出的家长式领导概念。例如，家长式领导负向调节传统性和心理所有权之间的关系，即家长式领导风格越明显，两者之间的关系越不紧密。类似地，仁慈领导会负向调节积极追随特质与任务绩效之间的关系。艾肯团队的家长式领导的构念较新，但已有的实证研究非常有限。

2.4.4 小结

家长式领导作为基于东方文化提出的领导风格，近年来得到了广泛关注。郑氏团队提出的三维构念的家长式领导在实证检验中存在大量争议。这挑战了三个维度是否可以被整合为一个概念的可能性。艾肯团队的家长式领导在实证研究中得到了较为一致的支持，但是已有的实证研究数量还很有限，需要有更多的研究验证概念的有效性，并探讨家长式领导的作用机制和边界条件。

2.5 工作意义感

在现代组织中，工作已经不再仅仅是员工谋生的手段，更是自我价值实现的重要途径。员工对在工作中体验到意义感抱有期望。马克斯·韦伯则把工作归为一项崇高的事业。工作在大多数人的生活中起着重要的作用。随着经济和社会的快速发展，这点变得更为突出。从当前大量的关于帮助人们如何找到工作意义的出版书籍、网络咨询和各种形式的研讨会都广受欢迎的情况来看，人们比以往任何时候都更关注自己的工作是否有意义。工作对个体的一生有着重要意义，被认为是一个人生命意义的关键组成部分，为个体提供了成长的机会，也能让个体在帮助他人的过程中形成对自我价值的认同感。哈克曼和奥尔德曼将工作意义感定义为"个体体验到的工作有意义、有价值和值得去做的程度"。随着时代的发展，工作意义感的内涵也在不断拓展。工作意义感指的是一个人对自己在职业领域的完整自我感知，其"不仅仅指的是工作本身对人们意味着什么，而是工作的重要性和其产生的积极价值"。本部分主要梳理工作意义感的概念、测量和相关实证研究。

2.5.1 工作意义感的概念

20 世纪 80 年代，研究者为了解个体对工作的看法和期望，提出了"工作意义"一词。工作意义的早期研究大多基于工作特征视角和价值观视角。基于工作特征视角，研究者认为工作意义本身就是一种工作属性，多种工作特征共同构成了工作意义这一更高层的工作属性。工作特征理论认为工作完整性、工作重要性和技能多样性三个特征影响个体对工作意义的感知。工作意义可以被理解为一个被整合的工作特征。基于价值观视角，研究者认为工作意义是一个相对静态的概念，指的是员工对工作所持有的价值观和看法，是个体或群体关于工作的一套多层次的信念和价值观体系。可以理解为，工作意义是个体在工作中试图寻找到的个人特征，和实际找到的特征之间的一致性和平衡的体验。弗兰克尔认为，工作意义不仅与职业有关，还与生活的目的和理由有关。塞利格曼提出，个人会超越自我，寻找与自身不同的意义。阿什默斯和杜尚认为员工希望参与工作以满足自己的精神需求，从而使自己的生活变得有意义。在组织行为学领域内，工作的意义和工作意义感两个概念很接近。相关文献往往会交替使用这两个概念。罗索和他的同事指出，工作的意义在于工作意味或代表着什么，而工作意义感是指这份工作有多少意义和多重要。

积极心理学的发展推动研究者投入以人为本的研究思潮中。研究者对于工作意义的概念界定拓展出了第三种视角，即从个体的感受和体验出发。为了和早期的工作意义区分开，研究者大多采用"工作意义感"。从个体感受的角度来看，工作意义感被认为是一种主观感受，是一种动态的心理状态。比如，艾萨克森认为工作意义感是一种个体感受到的满意状态，这种状态源于自身特征和工作环境的良好交互。普拉特和阿什福斯把工作意义视为个体对工作产生的一种有价值的主观体验，这种积极的体验源于个体对群体身份的认同；查洛夫斯基认为工作意义感是一种个体体验到的自我特征和人际关系等环境因素之间的整合感；利普斯·维尔斯马和赖特把工作意义感界定为个体对工作目标、工作价值和存在意义的感知。工作意义感就像一组镜头，折射出员工如何理解和应对工作。虽然不同研究者对工作意义感的概念描述有所不同，但对其本质属性的认识基本一致。斯蒂格等认为工作意义不仅仅是工作的含义，而更多是指工作的重要性和积极价值。此外，他们还指出工作意义是自我实现论导向的，而非享乐论导向的。总体而言，工作意义感基本具备三个特征：一是主观性，是个体所产生的一种主观性看法和体验；二是交互性，工作意义感产生于个体和所从事的工作或者所处的工作环境的互动过程中；三是积极价值性，强调工作带给个体的积极存在意义。

2.5.2 工作意义感的测量

在具有广泛影响力的工作特征模型中，工作意义感被认为是在多个工作特征和结果变量之间起中介作用的重要心理状态。不幸的是，后来的研究不再探索工作意义感本身，并开始使用工作特征来代替工作意义感。类似地，关于如何增强工作意义感的研究以多种方式评估了工作意义感。这些方式与传统的工作特征相似。例如，有研究者使用认同感、工作投入度和工作重要性来表示工作意义感，也有研究采用任务重要性、自豪感、工作投入度和挑战度来表示工作意义感。薪酬和声誉也都曾被用来表示工作意义感。工作意义感的多维模型包含了工作中心、工作价值和内在工作取向。通过阅读文献，我们可以发现，工作意义感的测量涉及了技能多样性、完成整个任务的机会、任务对他人的意义、自豪感、参与感、使命感、挑战性、工作角色身份、工作中心、工作价值观、内在工作取向、灵性、高收入和声誉等。此外，工作意义感还被认为是其他概念的维度之一。例如，有研究者认为工作意义感是心理授权的维度之一。

随着工作意义感逐步得到研究领域和实践领域的共同关注，澄清工作意义感的概念十分有必要。目前学术界对工作意义感的构念的看法尚未达成一致。

部分研究者认为工作意义感是一个单维的概念；部分研究者认为工作意义感是一个更丰富和复杂的概念，包括多个维度；也有学者将工作意义感视为其他概念的一个子维度。因此，工作意义感的测量工具也包括单维量表和多维量表。当将工作意义感作为其他概念的一个子维度时，虽然这样的量表具有较高的信度，但是测量的内容难以反映工作意义感概念的完整内涵。

为了进一步推进工作意义感方面的研究，斯蒂格等在前人研究的基础上开发了一套由理论驱动的测量工具。该量表明确了工作意义的三个关键维度，并成了当前研究工作意义感的主流测量工具。该量表的三个维度分别是积极意义、工作创造意义、至善动机。①积极意义反映的是所从事的工作对个体重要性的主观体验，即工作特征模型中的一种心理状态，反映的是一个人对某项工作的意义感知到的程度。正如罗索等指出的，工作意义感是个体对自己所从事的工作的意义的主观体验。②工作创造意义，指的是工作帮助个体加深对自我和周边世界的理解，促进个体的自我成长，反映的是个体将工作意义和生命意义联系在一起的程度。相关实证研究也表明，工作是一种整体生活意义的重要来源。③至善动机源于个体希望为他人带来积极影响的愿望。这是人们普遍持有的价值观，反映的是个体基于工作对他人产生的影响力来考量工作意义，也就是说，当工作对他人产生深远影响时，工作是具有较高的价值和意义的。斯蒂格等建议研究工作意义感时应使用包含三个维度的总量表，每个子维度对于具体的应用领域有价值，能够帮助识别令人满意的因素以及个体工作经验的不足。本研究采用斯蒂格等开发的问卷作为测量工具。

2.5.3 工作意义感的来源

有关工作意义感的研究中列举了一系列工作中广泛的意义来源。这些意义来源路径也是工作意义感可以被改变的途径。研究者从价值观、动机、自我定义的信念到生活中扮演的角色中，已经识别出了多种多样的意义来源以理解员工如何基于他们的体验来构建工作的意义。罗索等确定了工作意义的四个主要来源。

首先是自我，包括价值观、动机和信念，这是员工用于理解工作意义的基础。这方面的研究表明，当工作具有与这些自我一致的属性时，工作会变得更有意义。因此，工作的内容和特征是能帮助员工调整他们的任务和互动方式，以使他们有更多的机会直接表达员工的价值观、动机或信念，通过创造这种更多感知自我与工作的一致性的机会使他们产生积极的工作意义感。

其次是其他人，既包括工作环境中的其他人，又包括工作以外接触的其他人，如同事、经理、领导、员工所在的社区工作人员和家庭成员。这方面的研究表明，员工会以成员的身份在沟通过程中、获得社会线索的过程中，去体验自己的工作，进而影响工作意义感。员工通过工作与其他人产生联系。无论是在实际的互动中，还是仅仅在员工的想法中，这些与他人的联系都可能会改变员工的工作意义感。

再次是工作本身的内容，包括工作任务的设计、组织任务的划分，以及发生在工作范围以外的相关内容，如个人的财务状况、非工作领域的角色等。虽然环境可能会被视为工作内容的约束，但员工的环境也可以为他们提供一些资源，以帮助他们完成工作，产生积极的工作意义感。人力资源管理措施对职位设计的影响是很直接的。组织中的管理实践能直接改变工作任务，对员工的工作意义感有直接影响。除了通过工作任务外，组织还可以从工作的各个方面来帮助员工深度投入正在从事的工作，其结果可能会改变员工对组织使命的认知。

最后是罗索和他的同事发现的意义来源。包括精神生活。一般来说，这个方面的研究表明，当个人将他们的工作当作为实现宗教或精神层面上的目标而进行的服务或表达时，这种为工作注入宗教或精神意义的员工的工作体验可使员工产生极强的工作重要感。工作的精神意义和认知体验之间的关系十分清晰。工作能够帮助员工将自己的工作设定为一种神圣的活动，从而使工作本身也因此可能具有不同的、积极的意义。

此外，在组织行为学领域内，研究者也得出了关于工作意义感前因变量的大量结论。布里特、迪金森、穆尔、卡斯特罗和阿德勒发现，任务重要性、工作投入、工作挑战可以用于预测工作意义感。组织提供的丰厚收入和良好的社会声望也都可以用于预测工作意义感。斯蒂格等对影响工作意义感的影响因素进行了总结，认为至少包括技能多样性、任务完整性、任务重要性、工作投入度、感召感、工作挑战、工作角色认同、工作中心化、工作价值观、内部工作动机、精神性、收入水平和声望。影响工作意义感的因素主要包括个体因素和工作情境因素。个体因素主要包括个体所持有的价值观、自我效能、个人目标、工作信念等内在特征影响因素。比如，个体的工作中心性越显著，工作使命感越强，工作意义感就越强；员工的目标性越强、主动性越强，对工作意义的感知水平就越高。在工作情境方面，已有研究发现工作特征、领导风格、组织氛围等会影响个体的工作意义感。个体对工作特征的感知和工作意义感紧密相关。哈克曼和奥尔德曼在工作特征模型中指出，技能多样性、工作完整性和工作重要性三个特征会影响工作意义感。领导者是重要的工作情境变量之一。有关领导风格对员工工作意义感的实证研究表明，变革型领导有助于提高工作意义感水平。

罗索等指出，目前大多数研究都从单一视角去挖掘影响工作意义感的因素，未来的研究应该更多关注不同视角下的因素可能存在的交互作用。

2.5.4 工作意义感的相关研究

工作在人们的心理健康中起着重要的作用。在实践领域，寻求工作满意度和个人价值贡献的人越来越多。工作意义感已被研究者公认为是一种重要的工作心理状态。弗兰克尔认为个体在他们的工作中会主动寻找意义。一个人在工作中缺乏意义感会导致疏远或"脱离"自己的工作。为员工提供他们认为的有意义的工作会促进他们的个人成长和激发他们的工作动机。探讨工作意义感的前因变量、结果变量和作用机制是一种令人兴奋的活动。

工作意义感的前因变量有以下几个。

①工作特征。卡恩发现，工作特征会影响员工在工作中体验到的意义程度。工作设计的研究者证明了在工作特征模型的五个核心维度中，工作丰富化能够显著影响员工的工作意义感。然而，值得注意的是，大多数关于工作设计的研究都未能探明工作特征与工作意义感之间的关系。

②工作角色。长期以来，工作角色匹配的研究者认为，一个人的自我概念和他/她的角色之间的一种感知的"契合"会使个人产生一种经验意义感。沙米尔也认为人类是可以自我表达和创造的，而不仅仅是目标导向的。也就是说，人们寻找的工作角色允许他们以一种表达真实自我的方式行事。梅的研究证实了工作角色的匹配确实对员工的意义体验有显著的影响，与个人的自我概念相一致的工作角色能带来更强的工作意义感。

③与同事之间的关系。那些与同事之间进行了有益的人际交往的人会在他们的工作中体验到更强的意义感。个体具有关系需求。当个人因为他们的贡献而得到尊重时，他们可能会从互动中体验到意义感。个人也会从群体成员的社会身份中获得意义感。如果同事间的互动能培养一种归属感，那么就会使参与互动的个人产生一种更强烈的社会认同感和意义感。

④与领导之间的关系。与直接领导者之间的关系会影响员工对工作环境的感知。支持性而非控制性的关系能够培养员工的安全感，并激发员工的创造性。注重创造支持性工作环境的领导通常关心员工的需求和感受，提供积极的反馈，鼓励员工表达自己的担忧，帮助员工发展新技能、解决与工作相关的问题。这样的支持行动增强了员工的自主性和提高了其对工作的兴趣。当员工处于这种支持性的工作环境中时，他们可能会感到更安全，从而更积极地参与工作，更愿意尝试新的做事方式，以及积极讨论发生的错误并从中吸取经验教训。领导

对员工自主性的支持、管理者与员工之间的一致性感知都可以增强员工对领导的信心。有五类行为会影响员工对领导的信任程度：行为一致性、行为完整性、分享和授权控制、沟通和仁慈。行为一致性，指个体在不同的时间和环境中表现出相同的行为方式。行为完整性意味着言行一致。分享和授权控制涉及员工决策参与。开放的沟通有助于领导对管理行为做出准确的解释。仁慈包括顾及和保护员工的利益，不剥削员工。综上所述，这些值得信赖的支持行为会使员工产生心理安全感和投入工作的意愿。

⑤支持和信任。员工之间的人际关系也会增强员工的安全感。信任的基础可以源于认知，也可以源于情感。基于认知的信任源自个人对他人可靠性的判断。情感信任植根于人与人之间的情感关系之中。情感上相互信任的个体通常会表达对彼此的关心，相信这种关系的"内在美德"，并愿意在这种关系中进行情感投资。此外，埃德蒙森发现在工作单位中，人与人之间的关系质量会影响员工对于错误是否会对他们不利的共同信念（心理安全）。因此，那些在工作中遇到困难时互相支持、相互尊重、重视彼此的付出的同事能增强同事间的信任感。

⑥结果变量。虽然在道义层面上，组织也有义务为员工提供体验工作意义感的机会。但是工作意义感之所以如此重要的原因是其能同时让员工和组织受益。工作意义感结果变量的研究成果主要体现在个体层面和组织层面上。在个体层面，工作意义感会对员工的态度和行为等多个方面产生积极影响。已有研究表明，工作意义感强的员工，更有可能把个人时间花在工作上，并能适应一个具有挑战性的工作环境，工作满意度更高，生活满意度高，职业发展更成功，工作绩效更高，幸福感更强。在组织层面上，工作意义感是影响组织绩效、组织变革的重要变量。比如，员工的工作意义感有助于提高组织绩效、增强团队凝聚力。

⑦作用机制。从工作意义感的中介作用来看，工作特征模型将工作意义感视为一种重要的心理状态，在技能多样性、任务完整性、任务重要性三个工作特征和结果变量之间发挥中介作用。事实上，汉弗莱等人认为工作意义感是工作条件和离职意向之间最重要的中介。类似地，王端旭和郑显伟的研究发现，伦理型领导可以增强员工的工作意义感进而减少组织内员工被同事攻击的行为。

2.5.5 小结

意义感是幸福感的重要来源。一般来说，生活的意义和工作的意义在整体水平上是相关的。在组织情境中，工作意义是一个比生活意义更为突出的概念，直接影响员工的工作行为和主观体验。工作是个体活动中的重要构成部分，工作意义感对员工幸福感的影响也至关重要。虽然关于工作意义感的前因变量的研究已经比较丰富。但是这些研究大多只从单一视角出发，鲜有研究会综合考虑了情境因素和个体因素的交互作用。情境因素和个体因素之间是相互替代还是彼此强化值得探究。

2.6　自我效能感

自我效能感的概念自 1977 年班杜拉首次提出以来，得到心理、教育、管理等多个研究领域学者的关注。本部分主要梳理自我效能感的概念、测量和相关实证研究。

2.6.1 自我效能感的概念

自我效能感是一个人对自己能力的信念，是指个体在满足特定任务要求时，激发行为动机、调动认知资源及行动资源的能力。班杜拉将自我效能感进一步界定为，"人们对自身完成既定行为目标所需能力的判断和自信程度"。这一概念在组织行为领域中得到广泛的关注。

根据社会认知理论可知，自我效能感包含三个特征维度：①水平（任务的难度）；②强度（对自己行为是否能够达到操作目标的确信程度）；③广度（某一特定领域内自我效能感能在多大程度上扩展到其他情境中）。班杜拉将该概念聚焦到"特定情境的需求"。大多数研究者将其限定在广度、强度两个维度上，并且在特定的任务情境中开展研究。随着研究的深入，学者对自我效能感的共同特征更为关心，并将其称为"一般自我效能感"。一般自我效能感是个体整体的信念，影响个体的成就表现，即个体感知到的自己在不同情境中的能力表现。也有学者将一般自我效能感界定为个体在压力环境中的广泛而稳定的个人能力表现。不同个体在特定情境中的效能感是不同的，即不同个体的特定效能感是不同的。研究者认为特定自我效能感是一种动机状态，而一般自我效能感是一种动机特质。特定自我效能感与一般自我效能感均指向个体对自己获得成就的能力信念，但涉及的成就范围领域有所不同。因此，二者的影响因素是类似的，如实践经验、替代经验、言语劝说、心理状态等。但是这些因素对特定自我效能感的影响更大。

2.6.2 自我效能感的测量

施瓦茨等认为自我效能感是一个适用于不同文化的通用概念。施瓦茨等开发了包含 20 个题目的一般自我效能感量表，后来被压缩成 10 个题目。研究者通过对德国、西班牙和中国三国样本进行检验，验证了该量表的信效度。结果显示，中国版本的一致性信度为 0.91，德国和西班牙版本的一致性信度为 0.84 和 0.81。该量表已经广泛应用于大量实证研究中，内部一致性信度稳定在 0.75 ~ 0.90。该量表不仅具备简化和内容效度高的特征，也被证明具备良好的聚合效度和区分效度。

谢勒等将一般自我效能感定义为个体进入和适应新环境所抱有的一系列期望，并开发了包含 17 个题目的量表用于测量。尽管该量表有着很高的内部一致性信度和预测效度，但是由于其的多重维度、较低的内容效度和区分度造成其研究结果解读起来较难。总的来说，该量表并没有体现出自我效能感和自尊、韧性等一些概念之间的明显区别。

陈和格利开发了一个包含 11 个题目的测量工具。他们通过探索性研究设计了不同于自尊量表和谢勒等开发的量表的 7 个新题目，并发现新版本的一般自我效能感量表可以预测个体的特定自我效能感，而自尊量表则无法预测。尽管他们的研究提供了一般自我效能感量表效度的初步证据，但是此证据是基于探索性研究得出的。此外，该研究删除了量表中的 4 个题目，保留的 7 个题目无法代表一般自我效能感的完整概念。

2.6.3 自我效能感的相关研究

班杜拉总结了自我效能感的四种来源，即个体的成败经验、替代经验、他人劝说、生理和情绪唤醒。成功的个体经验使人获得强烈的自我效能感，从而使人对偶尔的失败具有较强的抵抗力。有学者发现变革型领导会通过使员工拥有更多成功经验，劝说和唤醒工作激情等方式来增强员工的自我效能感。

大量研究证明，自我效能感可以显著预测工作绩效、工作满意度、动机水平和自我管理水平。有关研究发现，自我效能感可以预测多个重要的与工作相关的特征，如工作态度、培训能力及工作表现等。还有学者指出自我效能感影响个体所做出的选择、投入任务的努力程度、对目标的坚持性以及未能达到预期目标后的复原力，进而影响到业绩和成就的水平。自我效能感会影响个体的应对策略和行为。具备高自我效能感的个体更倾向于采取达到环境要求的策略，将环境提出的要求视作挑战和积极的体验，并主动调整；相反，自我效能感低的个体面对同样的环境要求会将其视为压力而投入更多的精力从而导致情绪和精力耗竭。施瓦茨提出，个体具备的自我效能感越强，就越会主动付出持久的努力以达到要求。有学者探究了一般自我效能感和特定自我效能感的作用，发现：在一组 405 名使用信息技术的工人中，无论变量水平如何，只有特定自我效能感与倦怠维度直接相关。

在中介作用方面，大量研究提示了自我效能感在领导行为作用机制过程中的中介作用。例如：波德萨科夫等探究了变革型领导通过影响员工的自我效能感来提高员工达成领导者要求的期望水平；伊登发现变革型领导通过增强员工的自我效能感而促进绩效的提升。此外，托马斯等通过在三个时间点对 267 名员工进行调查发现，自我效能感在员工对组织的信任程度和感知到的尊重程度与创新绩效之间发挥中介作用。杜旌等证明自我效能感在高绩效工作系统和员工幸福感之间发挥中介作用。

在调节作用方面，已有研究揭示了自我效能感对工作要求和工作控制的调节作用，但还没有研究涉及对工作特征模型的调节检验。例如，迈耶等通过调查 96 名服务人员验证了工作要求、工作控制和自我效能感对情感压力的三维交互作用。Pisanti 等的研究表明工作控制对工作需求的负面影响主要表现在拥有高水平工作相关效能感的员工身上。

2.6.4 小结

自我效能感自被引入组织行为领域以来就广受关注，已有大量研究验证了特定领域的自我效能感的中介作用和调节效应。相较之下，一般自我效能感作为更为稳定的个体特质和作为调节变量并未得到足够的重视。特别是在情境因素对员工幸福感的研究方面，鲜有研究考虑了个体的一般自我效能感的调节作用。

第 3 章　理论基础与假设提出

3.1　自我决定理论

　　大多数的当代动机理论都认为，人们会坚持自己的行为，是因为他们相信这些行为会带来自己期望的结果。这一前提引导动机研究者探索人们赋予目标的心理价值，人们对实现目标的期望以及促使人们朝着选定目标前进的机制。这些理论认为任何两个具有相同期望的同等价值的目标都会使人获得相同的绩效和情感体验，即认为动机是一个仅在数量上有所差异的统一概念。随着研究的深入，关于目标导向行为的研究已经开始区分目标或结果的类型。例如，研究人员将能力发展目标与能力展示目标、回避目标和接近目标进行了对比，认为不同类型的目标会产生不同的行为和情感结果。

　　自我决定理论（SDT）区分了目标导向行为的概念，但 SDT 采用了一个非常不同的方式。SDT 区分了目标或结果的内容，进而对不同的内容和过程进行预测。此外，SDT 使用先天心理需求的概念作为整合不同的目标内容和调节过程的基础。具体来说，根据 SDT 可知，目标追求和实现结果的一个关键问题涉及人们在追求和取得有价值的结果时，获得的对其基本心理需求的满足程度。

　　自从认知理论流行以来，大多数动机理论研究者不愿意考虑人类的需求，而是专注于与目标相关的效能。然而，自我决定理论认为，如果研究者不考虑人类的需求，以及管理过程对人们追求目标的引导作用，就不可能完全理解目标导向的行为，也不可能完全理解心理发展和幸福感。

3.1.1 自我决定理论中的需求

　　自我决定理论的出发点是假设人类是活跃的、以生长为导向的有机体，人们天生倾向于将个体的精神元素整合成一个统一的自我意识整体，并将自己整合到更大的社会结构中。换句话说，自我决定理论认为，参与有趣的活动、发展能力、追求社会群体的连通性，以及将内在的心理体验和人际体验整合成一个相对统一的整体，是人类有机体适应性设计的一部分。

有机体-辩证观点的主要内容是，自然的有机体进行整合所需要的基本"营养"是对自主性的环境支持。因此，在某种程度上，只有在"营养"立即出现或者个人有足够的内部资源构建必要的"营养"时，整合外部规则等自然过程在理论上才是最优的。在一定程度上，这些有机体的整合过程会受到不利环境的影响。在不利的环境下，更常见的是防守和自我保护的整合过程。在欠缺支持的环境中，这种过程无疑也是有效的。这些过程是对未被满足的需求的补偿。

因此，对能力、关系和自主的先天内在心理需求关系到人类心理的深层结构，因为它们指的是获得有效性、连通性和连贯性的先天倾向。因此，在人们当前的环境和他们的发展历程中，环境条件的存在与缺失是满足这些基本需求的关键因素，预示着人们是否会表现出活力。这些基本心理需求的存在似乎在个体和群体选择层面上具有相当大的优势。此外，基本需求在文化传播中起着至关重要的作用，有助于解释目标是如何在不同的人类群体中被确立和维持的。

自我决定理论的一个直接推论是，人们将倾向于追求允许或支持他们的需求满足的目标、领域和关系。只要他们能成功地找到这样的机会，他们就会获得积极的情绪体验。

和动力理论一样，自我决定理论认为需要是天生的，而不是后天习得的。尽管自我决定理论承认生理驱动力，但在探索诸如人类学习、人际关系以及对物理和社会环境的总体把握和管理等问题时，自我决定理论把核心的心理需求放在首位。

自我决定理论在心理层面上的关注导致了自我决定理论的方法和动力理论之间存在许多差异。在动力理论中，需求被理解为生理上的缺陷，它扰乱了有机体的平静，并促使有机体按照习得的方式行事。因此，在动力理论中，人类有机体被设定为静止或被动的，需求满足是一个补充不足的过程，行为的目的是满足需求。

相比之下，自我决定理论不认为人在被动地等待一种不平衡，而认为他们自然地倾向于对他们的内部和外部环境采取行动，参与他们感兴趣的活动。因此，人们在采取行动前并不需要被推动或被刺激。此外，重要的是，他们的行为不一定要以满足需求为目标。如果他们处在一个可以使需求得到满足的环境中，他们可能只关注一个有趣的活动或一个重要的目标。然而，如果在他们行动的过程中，需求得不到满足，通常会导致不佳的后果。

从动力理论的角度来看，所有的行为都是基于驱动减少过程的。换句话说，所有行为的功能目标都可以被理解为满足需求。例如，饥饿的人采取行动是为了得到食物，痛苦的人采取行动是为了得到救济。然而，从自我决定理论的角度来看，先天的生命过程及其伴随的行为可以自然地发生，不一定需要需求不足的刺激。正如皮亚杰所指出的，功能的同化图式是固有的，自我决定理论认为，就人们的能力、评价过程和社会联系而言，朝着心理分化和整合的方向行动是人的本能。

当然，自我决定理论也认为，人们做出许多行为是专门为了满足基本需要，特别是在几乎没有得到满足的情况下更是如此。孤独时，人们可能会主动寻求陪伴；当受到控制时，人们可能会主动寻求自主权；当感到效率低下时，人们可能会更加努力地工作以变得更有能力。但是，当人们有合理的需求得到满足的经历后，他们的行为不一定是为了满足需求；相反，他们会做他们觉得有趣或重要的事情。例如，发现一个有趣的活动（内在动机）或重要的活动（良好的外在动机）的行为是受之前的需求满足经验而非挫败感的影响的。但是，一个人做自己觉得有趣或重要的事情并不一定是因为想要满足其当前情况下的基本需求。例如，在晚上，一个人在演奏一段乐曲的过程中，可能会沉浸在巨大乐趣的体验中。而如果强迫他演奏，或者他觉得尚未掌握乐曲的演奏方法和技巧，他就不会体验到这种快乐。因此，在这种情况下，需要得到满足意味着自主和能力是享受活动的必要条件，但这个人演奏乐曲的明确目的不太可能是满足需要。一个人会做他感兴趣的事情，只要这件事是他自主自发去做的，且具有适当的挑战性，他就会体验到快乐。

心理需求和生理需求还有一个重要的不同之处。当一个人在满足一种生理需求的过程中遭遇挫折时，人们通常会加倍努力去满足这种生理需求。事实上，这种生理需求被剥夺的时间越长，这种需求就变得越明显。在生理需求未得到满足时，人们的努力会集中在满足生理需求上。但在心理需求方面，人们会做出调整，减少他们满足心理需求的直接尝试行为。

怀特于 1959 年提出了人格动力理论，认为人类（和其他哺乳动物）有一种能量来源，这种能量来源是一种深层结构效应的直接表现，是一种对环境产生影响并在其中获得有价值的结果的倾向。虽然怀特用动机这个词来描述这种倾向，但其含义与自我决定理论中心理需求很接近。但是，自我决定理论和人格动力理论对需求的关注重点有所不同。

自我决定理论假设，重要的个体差异会影响人们体验到的需求满足程度。在不同的社会环境中，自我决定理论认为可以借助社会环境和个体差异来预测人们的需求满足程度，反过来，不同的需求满足程度会影响人们的行为。然而，这些差异与个体的需求强度无关。从生理需求方面来看，人们对食物的需求可能存在先天差异。但是生理学家通常不会关注先天的个体差异，而更倾向于关注食物匮乏对消费模式的影响。从这个角度看，关键的问题不是确定人们对食物的需求强度的先天差异，而是了解饥饿是如何受到食物需求的满足程度和环境之间相互作用的影响的。同样，尽管人们对能力、自主性和关系的需求强度可能存在个体差异。但自我决定理论认为，关注内在需求并不能解决最重要的问题，而关注个体在动机导向和目标的重要性上的差异会更有价值。也就是说，自我决定理论强调的是个人的需求满足程度而非个人的需求强度。

3.1.2 自我决定理论的三类基本心理需求

在自我决定理论中，基本的心理需求被定义为"必须由生物体获得以维持其生长、完整性和健康的营养素"。自我决定理论从机体和功能的角度来考虑需求的含义，它假设了一种人类走向融合和健康的趋势，并进一步假设，只要能够获得必要和适当的营养，这种趋势就会实现。但是，当人们处于受到威胁和条件匮乏的情况下，就会出现不良的心理反应。换句话说，人类的需求为心理健康或幸福指定了必要的条件。

自我决定理论提出了人类的基本需求包括：①在物质世界和社交世界中参与具有挑战性的活动和体验掌控一些事物的感受；②寻求依恋，体验安全感、归属感和与他人的亲密感；③自我组织和调节自己的行为并避免他律控制，包括在调节需求和目标之间趋向于内在的一致性。就像当人们观察到植物在水分充足时生长茂盛，在水分缺乏时干枯后，就会得出植物需要水分的结论。同样的，SDT认为心理需求也可以被观察，积极的心理状态是心理需求得到满足的结果，而消极的心理状态是需求得不到满足的结果。因此，如果动机或目标与基本需求无关，那么，它们能否得以实现将不会影响人的健康和发展。

自我决定理论提出三种基本的心理需求——能力需求、关系需求和自主需求，认为要理解人类的动机就必须考虑个体的这三种心理需求。

①能力需求。能力需求在个体早期的运动游戏中、对物体的操作过程和对周围环境的探索过程中就出现了。如果人们不能从单纯的学习活动中获得满足感，而需要外部的激励，他们就不太可能充分发挥特定领域的技能和能力，或者为适应环境开发出新的潜力。实际上，能力需求的开放性和互动性使人类具

有适应性强的特性。这种人类广泛存在的特性也具有功能上的优势，因为它允许群体中个体的独特才能以与特定领域相关的方式获得最大程度的发展。而这种能力差异可能会为所有群体成员带来好处。能力需求作为一种相对普遍的倾向，可以被视为人类群体在不断变化的环境中灵活运作的途径。但是更值得注意的是，能力需求的直接目的是获得快乐，而非一种特定的机制。对人类来说，好奇、同化的天性是其定义特征。

能力需求反映的是有效使用精力和高效工作的需求，是个体对感受到自己具备改变内外部环境的能力，体验到游刃有余地进行活动的效能感的一种需求。个人对能力的需求代表了个人对能够掌控环境、取得理想结果、应对各种挑战的需要。自我效能与能力需求的满足有一定相关性，但侧重点不同。自我效能指的是个体能够达到预期状态所需的具体行动；对能力需求的满足则代表了当前的和更具一般性的效能感。自我效能刺激人们做出能产生自我效能感的行为，而能力需求的满足可能会在一般的层面上提升个人的幸福感。

②关系需求。关系需求指的是与他人建立关系的需求。与能力需求相似，关系需求的倾向反映了社会有机体的深层设计特征，而不是在其他模块机制之上附加的简单的基因 - 行为联系。在进化的过程中，我们很难划清许多物种的个体和群体之间的界限。在人类中，与他人建立关系的需求源于照顾和保护后代的倾向。对于灵长类动物来说，他们已经有了一个很长的依赖期和一种早已存在的互惠利他主义倾向。狩猎 - 采集社会的出现以及它所带来的新挑战，需要他们依恋非亲缘群体成员和基本感知亲缘关系。也就是说，个体需要感受到爱和关怀，内化群体的价值观。在这种情况下，一个有凝聚力的群体显然会比一个没有凝聚力的社会组织能为个体提供更多保护。除了提供共享的资源和相互保护的适应价值外，归属感或关系需求还为内化提供了动机基础，确保群体知识被有效地传递给个体和更具凝聚力的社会组织。因此，亲缘关系的适应性优势在个体水平上是十分明显的，也可能与群体适应和生存有关。

关系需求反映的是自己想与他人存在意义关系，被他人接纳和关怀，对他人产生影响的社会需求，强调个体追求共融和归属感的愿望。从自我决定理论的有机体角度来看，个体作为社会有机体，在由更大的社会实体组织起来的组织中，会达到最佳状态。员工如果觉得自己是团队的一部分，并且可以自由地表达自己的工作和个人问题，那么与那些在工作中感到孤独和缺乏关心的员工相比，他们更有可能获得归属感。然而，也有研究显示，对亲缘关系的需求有时会与自组织倾向相冲突，也就是说，与自主需求相冲突。

③自主需求。自主指的是个体对经验和行为进行自我组织的欲望，以及使

活动与自己的完整自我意识相一致的组织欲望。自主关系到融合和自由的体验，它是人类长期生存下去的一个重要影响因素。自我决定理论主张自组织倾向具有普遍性，认为自主性作为人类的一种特征，是生命深度进化趋势的延伸。有学者指出，一个人越自治，就越能不受约束地处理与环境相关的个人需求。当个体的行为是自主的，相对于外在动机和内在动机而言，他们的行为不是仅仅由非整合的过程或外部压力的推动而产生的。换句话说，为了使人类在不断变化的环境中有效地工作，特定的机制不能简单地由环境因素自动地引出，而必须与组织的一系列需求和机制相关。事实上，当行为是被非整合的、异质的过程所调节时，可能存在多方面缺陷。非整合力量（如外部强制和诱人奖励等）对行为的支配可能因此妨碍整体处理和自我连贯。换句话说，自主能力是一种手段。通过这种手段，人类可以避免轻易陷入不适应甚至是灾难性的状况中。此外，通过自治，个人可以更好地根据自己的需求和能力来调节自我行为，从而协调和优先考虑更有效的自我维护过程。在自我决定理论中，自主性指的是自组织和自我调节，具有相当大的适应性优势。

自主需求被定义为人们渴望体验其行为的自主意识和行为意识。这种需求可以通过让个体做出个人选择来得以满足，也可以通过让个体完全认可外部要求来得以满足。在后一种情况下，如果能为个体提供行动意义并且能照顾到个人感受，个体就可以受到激励。在此，自我决定理论的自主性概念与工业组织心理学中常用的个人自由、自由裁量权或独立性方面的自主概念不同。事实上，完全为个人行为负责并被给予个人行为自由的员工可能会自愿或自主行事。无论其行动的动力是来自他们自己还是来自外部环境，个体的行动都是个体自主做出的。自主需求反映的是个体自主决定自己行为的需求，个体具有很强的行为选择性和自发性，能不受外部控制地自由掌控自己的行为。

3.1.3 基本心理需求与内在动机

20世纪70年代初，在操作性理论仍然是心理学的主流研究方向时，一些研究者开始探索内在动机的概念。内在动机活动被定义为在没有可分离的操作结果的情况下，个体感兴趣并愿意去做的活动。这与怀特和德查尔姆斯的观点相一致。怀特认为人们参与活动通常只是为了体验效能感。德查尔姆斯认为人们有一种对自己的行为负责的主要动机倾向。因此，德西提出，内在动机行为基于人们对能力和自我决定的需求。

在早期的研究中，出现了内在动机定义的两条主线。这可以被看作当时两种主流行为理论的反映。一个分支领域的观点属于操作理论，斯金纳认为，所有的学习行为都是一个强化的函数。自我决定理论对此做出回应，强调内在动机的行为并不取决于操作结果上的强化，因为人们所从事的活动本身很有趣。这就是其内在意义。另一个分支领域的观点强调生理需求，认为人类所有的习得行为都来自对基本生理需求的满足。自我决定理论提出，内在动机行为源于对基本心理需求的满足。这两个分支提出的定义是互补的：一些行为本身是有趣的，并不需要有用的操作性结果来激发内在动力，而心理需求则能在动机上维持行为。然而，这两个定义导致人们产生一些困惑，即兴趣和心理需求，哪个才是内在动机更关键的定义特征。

内在动机的基本假设是，人类是天生活跃的，个体是一个需要营养才能有效发挥功能的主动有机体。事实上，人们在活动过程中所体验到的需求满足程度的不同，也会影响他们对活动感兴趣的程度。因此，自主自发的体验对于内在动机和兴趣的激发是必不可少的。内在激励并不一定是为了满足这些需求，而直接满足这些需求的活动也不一定是内在激励。

内在动机行为是指人们那些出于兴趣而自由参与的行为。同时，内在动机行为的维持需要自主需求和能力需求得以满足。

这说明内在动机的自主需求和能力需求的一个主要功能是，预测增强或减弱内在动机的社会环境和任务特征。这项预测工作的首要假设是，基本心理需求的满足有助于内在动机的增强；反之，基本心理需求满足的受阻会削弱内在动机。

大量研究已经证实，内在动机与更高的学习水平、更好的绩效表现和更强的幸福感相关。因此，自我决定理论更关注能够影响内在动机的条件。

①自主需求和内在动机。有关实验表明，金钱奖励会破坏人们的内在动机，导致人们的延迟回报行为水平低于基线。这些实验支持了德西等人的观点，即在理解人类动机时需要考虑动机过程，而不应强调强化理论和其他动机类型之间的潜在的对立关系。

德西在讨论内在动机的心理意义及其被外在奖励所破坏的过程中，提出内在动机行为代表了自我决定活动的原型：当人们自由地追求自己的内在兴趣时，他们会自然而然地去做这些活动。正如德西等人的研究表明，当外部奖励被引入到正在进行的活动时，人们会感知到外部奖励的控制，从而促使人们行为的因果控制点从内部转向外部。当人们感觉到偏离了他们做这项活动的初衷时，其内在动机就不再强烈了。虽然对这种现象仍有争议，但这一现象已经被许多学者多次提到。事实上，最近一项对跨越了30年的128项研究的元分析研究证实，除了金钱奖励以外，所有的有形奖励都会削弱内在动机。

大量研究认为自治对内在动机至关重要，例如，威胁、监测、评估和最后期限都会破坏内在动机。这可能是因为这些事件会促使个体更多地感知外部因果控制点。反之，为人们提供选择的机会可以增强人们的内在动机，并增强人们对自己的信心。随后的研究表明，评估、奖励和选择等事件会以一定的方式影响内在动机，同时也会对创造力、认知灵活性和概念学习产生一定的影响。

虽然人们感知的因果控制点的转变在描述内在动机和绩效的变化方面是有用的，但还有一个更深层次的问题是为什么人们感知到的因果控制点会对动机和行为产生如此重大的影响。德西和瑞安将因果控制点与人们对自主性的需求联系起来，认为情境事件会影响内在动机，因为情境会影响人们在参与活动时的自主性。而奖励、威胁等策略会破坏自主性，并因此导致一些不良结果产生，如内在动机减弱，创造力下降，以及问题解决能力降低。相反，为人们提供选择可以强化人们的初衷，会使人们的自主需求得到满足，并产生更积极的结果。

近年来的一些内在动机研究表明，自主感具有中介作用。例如，里夫和德西的一个实验探究了在控制和非控制的环境下，竞争对参与者解决谜题的内在动机的影响。结果表明，相比于控制环境，在非控制环境中，相互竞争的参与者会有更强的内在动机，此外，参与者对自主性的感知会发挥中介作用。学校和工作组织的实地研究以及相关的实验室研究都表明，相比于控制环境，真实环境能够提供自主性支持，从而会产生更积极的结果。

②胜任需求和内在动机。一些早期实验表明，相比于没有反馈，正反馈能够增强内在动机；与没有反馈相比，负反馈会削弱内在动机。德西和瑞安将这些结果与能力需求联系了起来，提出正反馈有助于提高个体对能力需求的满足程度，从而增强内在动机；反之，负反馈则会阻碍能力需求得到满足，从而破坏内在动机。

另外一些关于绩效和积极反馈的研究表明，只有当个体觉得自己对绩效负有责任时，或者当积极反馈以不影响其自主性的方式被提供时，积极反馈才会对个体的内在动机产生增强作用。胜任感对于任何类型的动机的激发和增强都是必需的，而自主感只对内在动机的激发和增强是必需的。

概括而言，内在动机是指人们自由地参与他们觉得有趣的活动。这些活动能带来新奇的挑战。相关研究表明：奖励等外部控制活动往往会破坏内在动机，而选择等内部控制活动则会增强内在动机；负反馈导致人们产生的不胜任感会破坏内在动机，而正反馈导致人们产生的胜任体验会增强内在动机。

③关系需求和内在动机。虽然自主性和胜任感是影响内在动机的关键因素，但相关研究表明，关系在维持内在动机方面也发挥着作用。例如，有研究者发现，

如果孩子们想要进行互动的需求被忽略了，即便活动本身非常有趣，他们的内在动机水平也会很低。依恋理论也揭示了关系对内在动机很重要。在婴儿期，婴儿的内在动机表现为探索行为，是可以被观察到的。依恋理论的专家认为，当婴儿依附于父母时，其探索欲会更加强烈。对母亲及其幼儿的研究表明，母亲的自主性支持以及婴儿由此培养出的依恋安全感都与婴儿探索性行为相关。

自我决定理论假设在人的一生中，内在动机在安全的环境中会更有可能蓬勃发展。例如，一些相关研究都表明，当学生认为教师是热情的和关心他们的，会表现出更强的内在动机。然而，SDT 认为，在某些情况下，内在动机的核心不是关系，而是自主性和能力。人们会经常独自做出由高水平内在动机引发的行为（如玩单人纸牌游戏、徒步旅行等）。这表明在维持内在动机的近端因素中，关系支持可能不是必需的。

在关于社会环境因素通过促进或阻碍自主需求得到满足，从而增强或削弱内在动机的研究持续了十多年后，自我决定理论的研究重点转向了外在动机。在此之前，许多人认为外在动机具有不可改变的控制性，因此与内在动机具有不变的对抗性。然而，自我决定理论假设，个体的外在动机行为不是一成不变地受到控制的，相反，个体在自我决定和控制的程度上是不同的。为了支持这一假设，SDT 基于内在动机的概念提出了外在动机这一概念。

3.1.4 外部动机的内化：需求和自我调节的整合

SDT 及其有机 - 辩证元理论认为，内化与内在动机一样，是一种积极的、自然的过程。在这个过程中，个体试图将社会认可的道德规范或要求转化为个人认可的自我规范和价值观。内化是个体吸收和重构外部规则的方式，使个体能够以自我决定的方式遵守外部规则。当内化过程达到最佳运作状态时，人们会认同社会规范的重要性，并将其同化为完整的自我意识，从而完全接受和认同。然而，当内化过程受阻时，规则和价值观可能是外部的，也可能只是部分被内化了的。接下来，笔者详细阐述一下控制类型。

①外部控制。是指人们的行为受到的特定的外部偶然性控制。人们做出某种行为是为了获得想要的结果，如得到有形的奖励或避免受到惩罚。在本质上，外部控制是操作性理论中唯一的一种控制类型，也是一种经过多次检验后被发现会削弱内在激励的外部激励类型。在 SDT 中，外部调节被认为是控制性的，外部调节的行为被认为是偶然性的且非独立的。因为一旦外部激励事件被撤销，人们就会中断或者放弃当前坚持的事。

②内摄调节。内摄调节需要个人接受外部规则并以一种与外部规则相对同

构的形式来维持。珀尔斯把"内摄"恰如其分地描述为，没有消化就把所有的外部规则吞下去的一种活动。内摄控制通常表现为自我卷入、公众自我意识或虚假的自我归因。内摄调节代表了部分内在化。在这种内在化的过程中，规则存在于个体自我意识中，但并没有真正成为构成自我的一整套动机、认知和行为的一部分。因为内摄的规则还没有被完全自我同化，因此引发的行为不是由自我决定的。因此，内摄调节是特别有趣的，因为这些规则存在于个体内部，但相对于自我来说仍然是外部的。与维持或转移外部控制的情况不同，内摄调节的规则已经部分内在化，因此随着时间的推移，内摄调节比外部控制更有可能被保持，但仍然是一种相对不稳定的控制形式。

③认同。认同是人们认识和接受某种行为潜在价值的过程。通过认同行为的价值，人们更充分地内化规则，从而更充分地接受规则并将其视为自己的一部分。例如，如果人们认识到定期锻炼对自身健康和幸福的重要性，他们就会愿意锻炼。尽管内化规则仍然属于外在动机，因为这种行为仍然是工具性的，而不仅仅是一种自发的享受。由于个体已经认同了这些规范，他就会更好地去维护规范。

④整合。这是最充分、最完整的外部动机内化形式，因为它不仅涉及对行为重要性的认识，而且涉及将认同的规则与自我的其他方面整合起来。当规则被整合时，人们将通过使规则与自己的价值观等其他方面和谐一致而完全接受这些规则。因此，最初的外部控制将完全转变为自我控制。

内化达到的程度不同，随之产生的外部动机的类型也不同。当没有发生内化时，外部调节是最受外部控制的激励形式，因为人们的行为是由他人或外部事件来管理和调节的。内摄调节涉及内部刺激和压力。由于调节是发生在个体内部的，因此仍然是相对可控的。相应地，人们通过认同活动的价值来更充分地内化，体验到更大的行为自主权，减少行为和规则之间的冲突。通过最完整和有效的内化过程——整合，人的外部动机行为将成为完全的自主意志性行为。

值得注意的是，即便是完全内化的外在动机通常也不会成为内在动机。即使整合后的动机是完全自主性的，但其仍然是工具性的，因此仍然属于外在动机，而非内在动机。

总而言之，以目标为导向的活动在自主或自我决定的程度上有所差异。内在动机和内化良好的外在动机是自主或自主行为的基础。相反，行为被认为是受控制的或非自我决定的。也就是说，人们因为感到压力才采取行动。虽然以往的理论大多将动机作为一个单一的概念，是一个差异体现在数量而非种类上的变量。自我决定理论则关注的是动机或调节的类型。具体来说，是自我决定与外部控制的程度。

自主的和受控的活动涉及不同类型的控制过程，但两者都是有目的的。相反，去动机是一种人们缺乏行动意图的状态，也就是传统的动机认知理论中所定义的无动机。根据 SDT 可知，当人们对期望的结果缺乏效能感或控制感时，即当他们无法对行为进行自我控制或调节时，他们可能会处于去动机的状态。去动机是一种对目标行为完全缺乏自主权的状态，它代表了两种动机的缺失。然而，所有的外在调节形式都涉及意向性和动机，因此，去动机与内在动机和外在动机形成鲜明对比。

自我决定理论认为，价值观与外部规则的内化和整合被认为是一种自然的发展趋势。例如，有研究表明，随着年龄的增长，儿童表现出越来越多的内在的行为规则，而这些行为规则最初是外部施加的。然而，像其他自然过程一样，内化也需要"营养"才能有效运作；换句话说，内化不是自动发生的。人们在多大程度上能够积极地整合文化要求、价值观和规则，并将其化为自我的一部分，取决于他们在做出相关行为时基本心理需求的满足程度。

SDT 认为，人们会自然地倾向于内化其社会群体的价值观和规则。人们这种行为是受与他人交往的亲密感，以及与规则内化相关的胜任感推动的。人们需要具有理解或掌握规则背后的含义或基本原理的能力，以及执行规范的能力。因此，关系需求和能力需求的满足促进了内化。然而，为了将规则完全整合到个体自我中，自主需求的满足也是必需的。为了实现整合，个人必须有机会自由地处理和认可所传递的价值观和规则。过多的外部压力、控制和评估可能会阻碍而非促进个体对其社会群体的价值观和既定规则的内化这一积极的、具有建设性的过程。

田野调查和实验室实验为 SDT 的假设提供了支持。例如，高密瑞安等在家中采访了小学高年级学生的家长，然后评估了孩子们在教室里的动机和内化程度。该研究发现，父母在子女学业上提供的自主性支持和参与度，直接影响子女对学校相关活动规则的重视与内化程度。在被采访者中，积极参与和自主支持力度大的家长的子女不仅表现出更强的内在动机，而且在学习上也表现出更强的自我调节能力。相应地，这又与绩效和幸福感有关。

威廉姆斯和德西提供的数据显示了这种内化模型在医学院学生中的普遍性。有研究者发现，当教师提供更多的自治支持时，学生的价值内化程度更高。

总而言之，关于外在动机内化的研究强调了人类内化价值观与规则的意愿。然而，要充分整合这些价值观和规则，人们就必须明白它们的重要性，并将它们与动机的意义整合起来。有研究者将这种状态描述为自我和谐。在这种状态中，人们的需求与他们的活动是一致的。从这个意义上说，关系、能力和自主需求的满足使个体能够积极地将外部环境的价值观和规则转化为自己的价值观和规则，从而变得更加自主。简而言之，如果在某种程度上，社会环境所表现出来的价值观和行为规则能够被大众接受，并能够有效运作，个体就会倾向于内化这些价值观和行为规则。当人们能够在一定程度上得到支持的时候，他们将更有可能积极地整合价值观和规则，从而在意志或执行上激励他们的行为。

3.1.5 自我决定理论的分支理论

自我决定理论作为一个宏观理论由六个分支理论组成，其中主要的四个分支理论分别是认知评价理论、有机体整合理论、因果取向理论和基本心理需求理论。这些分支理论产生于不同时期，用来解释各种环境中出现的动机现象。虽然这四个分支理论并不构成自我决定理论的整体，但在这一理论传统中所阐明的大多数现象都可以在这些分支理论中被找到。

①认知评价理论。认知评价理论与个体内在动机及其发展形成的背景有关，强调环境对内在动机的影响。内在动机是指激励个体去做他觉得有趣的事情的内在动力。当个体对某项活动产生内在动机时，他们会发现事情很有趣，可以在行动中获得个人激励。即使他们没有得到任何外在奖励，他们也完全愿意这样做。

内在动机是自我决定理论的原型。这也是自我决定理论的研究始于内在动机的原因。有研究发现，外部控制如设置截止期限、外部评估、严密监管等，往往会削弱个体从事活动的内在动机，而为个体提供选择的机会则会增强个体的内在动机。自我决定理论从外部因素（如奖励、惩罚等）可能会损害个体自主性等角度来解释这一点：提供选择的机会有利于使个体获得自主需求的满足，从而相应地影响其内在动机。也有研究表明，积极反馈可以促进内在动机的产生，消极反馈则会削弱内在动机。这一点可以从基本心理需要角度来解释：正反馈可以满足个人的能力需要，而负反馈则起到阻碍作用，从而分别对内在动机产生积极和消极的影响。此外，还有研究表明，个体的内在动机水平越高，其解决问题的效率越高，工作创造性越强，业绩表现越好。相关研究还强调了胜任力及自主性在激发个体内在动机上发挥的关键作用。这在教育、艺术、体育和许多其他领域中都是至关重要的。

②有机整合理论。有机体整合理论是关于个体对外部环境中的行为规则、价值观和要求进行不同程度的内化过程中存在的各种外在动机的综合理论。该

理论强调了外在动机的重要性，解释了与外在动机内化和整合有关的现象。该理论将外部动机细分为外部调节、内摄调节、认同调节及整合调节四种形式，并认为不同类型的外部动机行为的受控程度以及自主性程度各不相同，而且强调了内化的作用。内化指的是个体将外部世界所认同的规则、观念及要求转化为个体自身的规则、观念及要求的变化过程。通过这一过程，个体对不同类型的外在动机进行整合，产生与内在动机类似的自主性动机。

传统的外在动机形式主要是外部调节。外部调节是最受限的动机类型，会破坏个体的自主性及内在动机。有时，外部动机是部分内化的，是个体产生的，但并非是个体自己真正接受的。在这种情况下，行为是通过内摄调节来调控的。当个体采取内摄调节时，是为了避免内疚或拒绝，或者想获得尊重和认可。因此，内摄调节在自主性程度上相对较低，即使动机是内部的，也依然需要外部施加压力。更为自主的动机形式则是认同调节。认同调节是当个体对行为及其价值进行内化后产生的结果。个体对行为有清楚的认识，并积极地肯定和认同其价值。整合调节则是外部动机自主性最强的形式。当外部动机已经得到充分内化和整合时，它不需要一定成为内部动机，但仍然有外部动机的自主性。这两种动机有许多相似的特点，但内在动机基于个体对事物感兴趣，而整合调节则基于个体相信事物对自己具有价值。

大量研究已经表明：对个体自主需求、胜任需求以及关系需求越支持和满足的环境，越能促进个体发挥自主的调节作用；对内在动机的满足程度越高，个体的表现越积极，幸福感也就越强。

③因果取向理论。因果取向理论描述了基于环境因素动机取向的个体差异，强调个体会根据他们对环境进行三种因果的取向。该理论的基本观点是个体对有利于自我的环境有稳定的取向。每个个体有不同的因果取向：自主性取向、控制性取向及非个人的取向。

自主性取向是指个体对其所从事的活动感兴趣，并认可其重要性，存在内在的因果关系逻辑，并与个体在跨领域与背景下普遍的自主行为方式有关。一个有自主性取向的个体，会主动选择有兴趣且具有挑战性的活动。控制性取向的个体将行为与外部环境紧密联系起来，往往是为了获得奖励、自我价值感或他人的认可而采取行动。此时个体将周边外部环境视为控制型的。其行为是受外部环境控制和影响的。非个人的取向是指个体因其能力缺失而焦虑，个体认为自己无法控制那些对自己很重要的结果。即使得到了较好的结果，个体也往往认为是运气的缘故。

因果取向理论认为，每个人在每种取向上有不同程度的定位，所以可以根据个体在每种取向上的水平做出预测。因果取向理论关注与个体本质相关的、持续且稳定的个体差异，并分析其对他们的感觉及行为的影响。有关研究表明，自主性取向与高绩效密切相关，特别是在启发式活动中，个体具有更强的幸福感。控制性取向与僵化、更高的防御水平及更低的幸福感水平有关。而非个人的取向则与较差的表现有关。

这些取向被看作社会发展的结果。随着时间的推移，人们在不同的社会环境中塑造了不同的品质。这种过程是发展变化的。然而，个体之间的差异却与每个个体取向的水平有关。在那些为满足自主、能力和关系需求提供大力支持的环境中，个体很可能具有高度的自主性取向。那些只能提供一定支持的环境往往会阻碍自主需求得到满足，从而导致个体可能拥有较高水平的控制性取向；而在那些经常阻碍个体基本需求得到满足的环境中，个体则更可能具有高水平的非个人的取向。

④基本心理需求理论。基本心理需求理论着重阐述了进化心理需求的本质及其与心理健康和幸福感的关系。该理论认为：个体有三种基本的心理需求，即能力、自主和关系需求，这些是所有个体普遍具有的基本的心理需求；满足及不满足需求均会对个体心理产生影响，因此为满足个体三种基本需求而提供大力支持的环境可以增强个体的幸福感。该理论还认为，三种基本需求对个体心理健康都是必不可少的；如果无法得到满足，则会产生较为明显的负面影响。

基本心理需求理论将认知评价理论、有机整合理论及因果取向理论有机地整合了起来。需求的满足程度可以用于预测个体行为的动机及知觉能力，促进外部动机的内化和整合，以及动机取向的发展。此外，基本心理需求理论也指出了这些动机及取向反过来可以影响个体的幸福感。

综上所述，以上四个分支理论作为自我决定理论的重要组成部分，分别从外部环境、个体差异、因果取向、基本需要四个方面讨论了个体自我发展，强调了自我决定在个体的发展中的综合作用。

3.1.6 自我决定理论和幸福感

自我决定理论认为，自主需求、能力需求和关系需求的满足与幸福感直接相关。幸福感是古往今来的学者们感兴趣的课题，幸福感关注的是个体心理健康和生活满意度的体验。然而，SDT 认为，幸福感并不仅仅是一种主观的情感体验，还是一种机体功能。因此，SDT 预测，需求满足程度的波动能直接反映出幸福感的波动。

　　一个有趣的方法是测试需求与幸福感之间的关系。这个方法使用日记程序来探究根据每日需求的满足程度的变化是否能检测出每日幸福感的波动。通过层次线性模型，研究者可以检验感知需求的满足程度与幸福感指数在个体间和个体内部之间的关系。在一项研究中，有研究者探究了自主体验和胜任体验的每日变化。他们发现，在个体间的差异水平上，自主体验和胜任体验与幸福指数在 2 周内显著相关。然后，在消除个体间的差异之后，自主需求和胜任需求的满足程度的每日波动揭示了日常幸福感的波动。只有在体验到自主性和胜任感的日子里，参与者才会说："今天过得很好。"也有学者研究了三种基本心理需求，结果证明每一种需求的满足程度都能反映出日常幸福感的强弱。他们首次发现，自主、胜任和关系需求的单独测量结果，以及这三种基本心理需求测量结果的总和，都与幸福感的总体指数相关，从而证实了每一种基本心理需求的满足程度都能够反映出日常幸福感的波动。在早期的一项研究中，去掉个体层的方差后，三种基本心理需求满足程度的每日波动独立地预示了幸福感的每日波动。这些研究都证明了需求满足程度和幸福感在个体内和个体间的分析水平上都存在联系。

　　其他研究也探究了特定情况下需求满足程度和幸福感之间的关系，例如，有研究发现员工在工作场所中的自主需求、胜任需求和关系需求的满足能够反映出个体的自尊水平和一般健康程度及活力。还有一项研究发现，对养老院的居民而言，日常生活中自主需求和关系需求的满足程度与幸福感和健康感正相关。

3.1.7　小结

　　自我决定理论是一种在社会背景中关于发展、人格及个体幸福感的广泛的动机理论。自我决定理论认为满足基本的心理需求对于人类发挥潜能、发展与成长、保持身心健康以及发展适应逆境的能力至关重要。该理论假设人类天生就是活跃的，有自由进化的趋向，寻求并应对挑战，从而融合新的经验。这种基本心理过程被称为有机整合，是人们主动性、综合性更加分化和连贯的整合。自我决定理论涉及有机体自主性与社会支持之间的辩证关系，即有效的整合需要持续满足胜任需求、自主需求和关系需求三种基本心理需求，从而帮助个体在社会环境中获得满足，进而促进个体的成长与发展。

　　自我决定理论侧重于区分动机的类型，以预测行为及结果。该理论将个体的动机分为无动机、内部动机和外部动机三种类型。其中，内部动机指的是个体对活动本身感兴趣而产生的动机，个体受内部动机激发所做出的行为是完全自主的。外部动机又分为自主性动机和控制性动机。自主性动机是指个体受对自身非常重要的行为结果的诱发而产生的动机，比如社会价值、存在意义等；控制性动机是指个体受外在或物质的结果的诱发而产生的动机，如获取报酬、避免惩罚、减少内疚等。根据自我决定理论，外部动机向内部动机整合的过程是促进个体需求得到满足的自然进程。基本心理需求的满足是强化内部动机和推动外部动机内化的关键，是驱动人们进行工作或做出其他行为从而获得满足的基础。三种基本心理需求的满足可以让人们产生自主动机，有效执行任务，获得幸福感。因此，满足这些心理需求的社会环境可以促进自主动机以及相应一系列积极的反馈结果的产生。

3.2　社会认同理论

3.2.1 社会认同理论的提出与发展

社会认同理论的提出既离不开当时的社会环境与学术思想背景，又离不开一个天才思想家的诞生和其独特的个人经历。泰弗尔是社会认同理论的开创者，并对理论的发展和完善有重要贡献。泰弗尔是出生于波兰的犹太人。由于波兰大学对犹太人有入学限制，所以，泰弗尔前往法国求学。在第二次世界大战爆发时，他自愿参军。一年后，泰弗尔被德军俘虏。被捕后，他面临的一个关于群体身份的问题就是要不要承认自己是波兰犹太人。当时，他向德军承认自己是法国公民，但没有否认自己的犹太人身份。他的理由是，如果当时承认是波兰犹太人，会被立刻处死；如果他否认自己是犹太人而一旦被德军发现后，自己肯定会被杀。可见，泰弗尔是一个对群体身份天生敏感的人。幸运的是，他最终走出了战俘营；遗憾的是，他的直系亲属和朋友都没有走出纳粹集中营。这段惨痛的经历对泰弗尔本人和他的研究产生了深远的影响。1941 年，泰弗尔获得法国公民身份。1951 年，他开始学习心理学，其早期的研究围绕偏见和社会判断展开。

当时，很多心理学家认为人格是产生偏见的主要原因，只有那些有极端人格倾向的人容易对他人产生偏见和变成偏执者。然而，泰弗尔前期经历的纳粹大量的惨无人道的行径让他严重质疑这个观点。他认为没有大量普通人的支持，纳粹是不可能成功的。数量如此庞大的德国人都支持纳粹行为和对犹太人持有极端偏见，这些德国人绝不仅仅是那些具有极端人格的个体。泰弗尔试图解释偏见的根源，他认为认知过程对偏见的产生有着巨大影响，特别是认知的分类过程。

泰弗尔希望解释人们为什么会把自己的邻居、同事、朋友，这些在日常生活中在一起相处的人看作危险的敌人，即便没有任何现实冲突和客观理由也会这么做。他试图使用科学严谨的方式在实验室中研究群体，并通过探索基本的社会认知过程来理解这些偏见、歧视和群体间冲突等问题。为此，泰弗尔做了最简范式实验。这项开创性研究的最初目的是探求社会范畴化对群际行为的影响。但是实验结果出人意料。泰弗尔无法用当时主流的现实冲突理论来解释。他说这是"在追寻理论过程中出现的事实"。

个体心理学和社会心理学是否存在本质上的不同是社会心理学研究领域中的主要问题。一直以来，心理学专家和学者们在该问题上秉持着两种相对立的观点。一种观点以麦独孤的思想为代表，该观点主要是群体心理和行为在本质上不同于个体心理和行为，群体以某种形式和状态存在于群体成员的心智中，并影响个体的心理和行为。另一种观点以奥尔波特的思想为代表，该观点主要是群体心理学和个体心理学在本质上没有区别，社会心理学是个体心理学的一部分。早期的社会心理学大多是在奥尔波特的个体主义思想上发展起来的，以个体特质解释群体现象。这导致当时的心理学研究者仅关注个体间的互动而忽略了群体的存在。1967 年前后，欧洲社会心理学的发展对北美社会心理学强调个体的还原论思想的主宰地位提出挑战，更多地关注社会关怀。在这样的背景下，社会认同理论作为欧洲社会心理学领域内挑战北美的先锋理论发展起来。

社会认同理论起源于 20 世纪 70 年代初期。该理论最早于 1972 年被提出来。1973—1978 年，泰弗尔接连发表文章介绍社会范畴化、群际关系、社会认同等研究的进展，并不断推进社会认同理论的完善。

在泰弗尔辞世后，他的学生特纳继续推动社会认同理论的发展，并提出了不同版本的修正模型，最有影响的是自我归类论。自我归类论提出了元对比原则。该原则是行为连续体中范畴激活的基本原则。元对比原则指的是，在一个群体中，如果群体成员之间在某个特征上的相似性小于差异性时，该群体就会沿着这项特征分化为两个群体，使得群际关系在群体中也凸显出来。元对比原则的贡献体现在：①使人际 - 群际行为差别的观念由分类转化为连续体；②解决了内群行为和群际行为之间的转化问题。

社会认同理论对社会心理学的很多领域产生了实质性的影响，包括团体动力学、内群体关系、偏见有刻板等。

3.2.2 社会认同理论的理论内核

社会认同理论的核心观点：个体归属于某个或某些群体只是一种心理状态，这种状态不同于个体独立存在时的心理状态，个体会把自己和其他人视为该群体的成员而非独立存在。个体把自己当作群体中的一分子的心理过程会产生明显的群体行为，例如：维护母校形象、对竞争球队有敌意等。社会认同理论的提出是为了解释群际行为。传统的社会心理学往往从人际互动的角度解释群体行为，忽略了群体对个体的影响。社会认同理论开始关注个体中的群体，认为群体在本质上是不同于个体的客观存在，个体的认知、情感和行为都深受所属群体的影响。这一视角突破了个体主义社会心理学对群体行为解释的限制，极大地丰富了对社会群体和群际行为的解释。

泰弗尔最初给出的社会认同的定义是一个人的部分自我概念源于他对自己作为某个或某些社会群体成员的认识，个体所获得的群体成员资格会赋予其某种意义。无论是个体被动地归类于某个群体，还是主动地选择加入某个群体，个体都会产生对该群体的社会认同感。社会认同的提出源于最简群体范式的实验发现。

最简群体范式自被泰弗尔提出以来，就被广泛地应用在群体研究的实验当中，已经成了群际关系行为实验研究的标准程序范式。最简群体范式的关键在于，根据毫无意义的分类方式将参与者划分到不同的群体，且参与者彼此之间没有任何社会互动和利益关联，所形成的群体仅仅是被实验者告知的一个符号。最简群体范式的程序一般包含两个任务。以泰弗尔主持的要求参与者做决策的研究为例来展开说明。

任务 1：做选择判断。实验者向参与者出示若干组刺激图片，请参与者在其中做出选择。实验者随机将参与者分成两组，并告知参与者分组的标准是基于他们在任务 1 中做出的选择（事实上不是）。实验者将每个参与者安置在单独的房间内，并告知他们各自属于哪个组。

任务 2：做分配决策。实验者交给参与者一张印有分配方案的卡片，要求参与者在给出的分配方案中选择一张。方案的数字代表着将给到两位被分配对象的钱数（如表3-1所示）。被分配的对象有两人，该参与者与两人均不相识也没有任何接触，得到的唯一信息：被分配对象 A 与参与者是同一个组的成员（内群成员），被分配对象 B 是另一组的成员（外群成员）。

表 3-1　分配方案

	方案 1	方案 2	方案 3	方案 4	方案 5	方案 6	方案 7
内群成员	7	9	11	13	15	17	19
外群成员	1	5	9	13	17	21	25

实验结果显示，参与者通常会选择内群和外群利益差异最大化（方案 1 和方案 2）、联合利益最大化或内群利益最大化（方案 3）的策略，很少选择公平策略（方案 4）和单纯的联合利益最大化的策略。从实验结果中，我们可以看出：仅仅让个体知觉到分类，就会产生内群体偏向（给予自己所属的群体成员更多的资源分配和积极评价）和外群体歧视（分配给其他群体较少的资源和倾向给予消极评价）的群际行为；即使是随机划分而成的群体，群体成员往往也会将打击外群体看得比单纯自我获利更重要。换句话说，参与者对两个群体相对位置的关注超过了客观的得失，即参与者将这个情境视作了社会竞争。

从最简群体范式的研究来看，对自身归属于某个群体的成员身份的知觉是产生群际行为的最低条件，群体划分（社会范畴化）足以导致群际间的社会竞争。社会范畴化也是理解社会认同理论最为关键的心理过程。为了简单明了地介绍社会认同理论的内核，笔者接下来围绕三个部分三来论述：三个心理过程、三个核心预测和三个应对策略。

3.2.3 社会认同理论的三个心理过程

社会认同理论认为，个体会自动地将人进行社会分类，并明确自己所属的群体，以所属群体的成员身份定义自我。社会认同理论涉及三个关键的心理过程，其中社会范畴化和社会比较属于认知过程，社会认同则是一种认知结构。

①社会范畴化。社会认同理论认为社会由大量的社会范畴构成。这些范畴的差异往往体现在权力和地位上。社会范畴是根据某些维度划分出来的群体，例如，根据性别维度划分出男性和女性，根据宗教维度划分出佛教、基督教和伊斯兰教教徒等，根据户口划分出城镇居民和农村居民等。每一个个体都同时存在于多个不同的社会范畴中，如某个个体是信奉佛教的都市白领女性。但是，在同一个维度下，个体不可能归属于多个范畴，如该个体不可能同时信奉佛教和基督教。

社会范畴化是独立的个体归于群体的心理认知过程。这种认知过程是个体应对复杂的社会环境的一种方式。每当接触一个陌生人时，我们都需要了解此人相关的大量信息，通过获取一些标签性特征（如国企高管、马拉松长跑爱好者、祖籍湖南等）能帮助我们快速获取所需信息，也就是说通过群体特征来了解与预测个体状态和行为可以实现认知的简化和快速应对。这一心理认知过程体现在两方面：一方面是帮助个体进行自我概念的描述，更好地认识自己是谁，具备哪些特征；另一方面是帮助个体简化对社会的感知，简化的过程伴随着增强效应。

社会范畴化可帮助个体进行自我概念的描述。个体归属于多个范畴，每个范畴所具备的特征和规范都为个体形成自我概念提供认同资源，帮助个体明确自己在社会结构中所处的位置。通俗地说，"我"是一个什么样的人，在很大程度上是通过各种身份被定义的。比如，当介绍一个新朋友的时候，我们可能会说："这是我的大学同学，浙江人，互联网创业者，知乎上的名人。"这些标签式的介绍能体现这个人的性格特点、兴趣爱好甚至价值观等。除此以外，个体对不同范畴的认同程度还会影响其感知、情绪和行为，例如，有女性运动专家指出，当女运动员把运动员范畴作为突出的认同维度时，因膝盖损伤而产生的压力会超过脸部伤疤造成的压力；相反，当女运动员把性别作为突出的认同维度时，伤疤造成的压力会更大。范畴化的认知过程使得个体对社会的感知被简化。夸大同一个范畴内成员之间的相似性和不同范畴内成员之间的差异性，可以帮助个体更加简单和直接地进行感知。这就是增强效应。增强效应并不会一直存在。其产生的条件是边缘维度（需要判断的维度）与核心维度（给出的可参考维度）具有关联性。例如，请一个人判断 6 位参赛选手的成绩，其中 3 位 20 岁左右，3 位 60 岁左右。如果请这个人判断的是他们参加马拉松比赛的成绩，那么他会很容易认为 3 位 20 岁左右的参赛选手成绩会更为接近，且领先于 3 位 60 岁左右的成绩，而忽略了对除年龄以外的个体特征的考虑。如果请这个人判断是他们参加朗诵比赛的成绩，则不太会产生增强效应。这是因为核心维度——年龄和边缘维度——马拉松成绩的关联性很强，而年龄和朗诵成绩的关联性则较弱。

②社会比较。范畴化决定了个体归属于哪些群体，社会比较则可用于确定所在的群体与其他群体有哪些不同。社会认同理论中的社会比较与费斯廷格提出的社会比较在意义上有所不同。费斯廷格提出的社会比较在个体间进行。个体通过与他人进行比较而帮助自己形成自我判断，并寻求积极的自我评价。社会认同理论的社会比较则在群体间进行。个体通过将自己所归属的群体特征（如特质、态度、行为等）与其他群体进行比较，或者将自己作为内群体成员与外群体成员进行比较，从而明确内群体的特征和价值。

社会比较现象在日常生活中十分常见。例如，网络上频频出现的鄙视链现象。鄙视链以简单明了的呈现方式还原了普遍存在的现状。举例来说，看剧的有电视剧鄙视链，英剧＞美剧＞日剧＞韩剧＞港剧＞内地剧；看球的有足球联赛鄙视链，西甲＞英超＞德甲＞意甲＞法甲＞中超＞中甲；读书的也有学科鄙视链，理科生＞工科生＞文科生＞体育生和艺术生。鄙视链的生成本身就是一个社会比较的过程。在同一领域，不同的群体会生成不同的鄙视链。因为理论上每个群体都能找到自己的优势维度从而鄙视其他群体。在这些被不同的群体选择出来的比较维度中，那个被大多数人所看重的维度就成了确定地位高低的区分特征。各个群体沿着这一特征排序从而形成一个链条。

③社会认同。个体通过范畴化确定自己的群体资格，通过社会比较明确群体间差异，进而建立社会认同。社会认同包括社会身份（如民族、性别、职业等）的认同和个人身份（追求自由、关注健康）的认同。社会认同理论更关注人们对社会身份的认同。群体认同是一个人自我概念的重要组成部分。个体对群体身份的知觉、对群体的心理归属感及对群体共享价值信念的肯定都是群体认同的构成要素。

个体的自我认同可能包含一些相互矛盾的自我描述。比如，某个销售团队的女高管的自我描述是强硬、果断；而同时作为母亲的自我描述是宽容、温柔。这种矛盾的存在是因为个体难以主观感知到全面的自我概念，更多是感知自我形象。然而，自我形象受到具体情境的影响，不同的时间、地点和场景会使个体感知到的显著的自我形象成为当下的自我认同。比如，一个 6 人团队对某项决议进行投票，三人同意三人否定，同意的都是女性，反对的皆为男性。这时性别就成为当下显著的社会身份。2016 年，全球热映的动画电影《疯狂动物城》展现了一个无比美好的乌托邦世界，同时也演绎了一个利用社会认同实现政治阴谋的完整故事。在这座动物城里，可以将动物范畴化的维度太多了，如体态大小、是否长毛、会不会飞等。这个乌托邦最美好的地方正是没有明确区分的群体范畴，因此就没有明显的群际冲突。

社会认同是指个体把自己视作某个社会群体中的一员，意识到自己所在的内群体不同于其他的外群体，并根据群体的特征形成对自我的认知、描述、判断和推论的一种过程。这一过程关乎的是"我是谁""我有哪些特征""我应该如何行事才恰当"。就像家具分为桌子和椅子，桌子一般都比椅子的体积大，当一个物品在分类上属于桌子，那么可以推论出该物品要比椅子的体积大。相应地，人类在性别上分为男性和女性，男性力量一般都比女性大，那么，某人作为男性会形成自己比女性的力量更大的判断。需要注意的是，当进行社会范畴化和社会比较的时候，个体作为社会成员的一分子无法将自己从形成的社会群体中剥离出来，个体总会意识到自己归属于某个分类后的范畴。因此，当以某个特征作为社会比较的维度时，个体对该群体形成的社会认同会反映出个体对自我的认知和判断。如果个体对社会比较的维度达成共识，那么个体对该群体会形成社会认同，即代表着个体接受自身也具备这项维度的特征；反之，个体会强调自己的特征与该群体特征的差异，即个体无法在这个维度上形成对该群体的社会认同。例如，一个以突破女性力量极限为目标的运动员，不会共享女性力量弱于男性的这一群体特征，而会强调自己的这项特征不同于一般的女性群体。由于个体无法将自己从社会群体中剥离出来，因此社会认同不同于客观物品分类的关键点为，社会认同既包括归属于一个特定群体的认知成分，又包括个体自己作为群体成员的情感成分。

3.2.4 社会认同理论的三个核心预测

泰弗尔和特纳在社会认同理论的发展过程中，陆续提出了一系列的核心预测。这些预测已经被大量实证和实验研究所证明。这些研究都以群际关系为背景且采用不同的研究方法。三个核心预测具体内容如下。

①个体将某个群体的成员身份内化为自我概念的一部分，会努力在内群体和相关外群体间进行积极比较，从而形成和保持积极的社会认同感。

②即便群体间没有任何利益的冲突和资源的争夺，仅仅通过社会范畴化形成社会群体也足以产生群体间的歧视和冲突。

③为了获取积极的社会认同感，个体可以采取不同的形式（如个体流动、社会创造、社会竞争等）。这取决于是否存在共享的社会公正（个体和群体的合法性）和取代当前关系的认知替代物（群体边界的可渗透性和现状关系的稳定性）。

基于核心预测，后续有学者提出了关于自尊动机的推论。

推论1：群体间的成功区分能够提高社会认同，进而提升自尊水平。与外群体的积极区分程度越高，内群体成员的自尊水平将变得更高。

推论2：群体存在获取高水平的自尊的需要，因此，当群体处于低水平自尊状态或自尊受到威胁时，会激发群体间的歧视行为。

推论1得到了后续实证研究的证明。推论2的验证性研究则得到了相悖的结论。有研究表明，处于高水平自尊状态的人或高地位群体表现出了更多的群体间的歧视行为。特纳曾指出自尊动机的视角与社会认同理论是冲突的，因为自尊是个体层面的需求，而社会认同理论强调从群体出发的路径。

鉴于自尊动机的检验受到了实证研究的质疑，加之对其有悖于社会认同理论核心视角的批评，有学者提出了降低不确定性的动机假设。降低不确定性则是指个体通过掌握群际区别与群体特征，可以更好地定义自我、感知及预测他人的行为。通过社会范畴化，个体找到了参照信息框架，即通过群体成员的身份来了解个体，简化和快速判断其具备哪些特征、遵循哪些规范。该假设得到了实证研究的验证。

3.2.5 应对社会认同威胁的策略

处于高地位群体的成员总是努力维持和巩固现有的权威和地位。处于低社会地位群体的成员通过不同的策略手段以期获得积极的社会认同，提高个体和群体自尊水平。

①个体流动是指个体努力脱离该群体或否认自己属于该群体，他们强调自己与该群体的其他成员非常不一样。采取该策略的个体渴望进入已得到较高评价的群体，从而形成更为积极的社会认同。比如，农村人为了摆脱低地位而进入城市成为城市二代移民。这种策略可以在个体层面提升社会认同，但对群体无益。

②社会创造是指通过重新界定或改变社会比较的维度，为内群体寻求积极的特异性进行社会比较，从而保持高自尊。社会创造的应对策略有三种实现方式。第一，改变社会比较的维度。比如，农民工在城市遭受歧视后，他们往往强调城市人不如农村人朴实善良，以人的品质这个维度来获得高自尊。第二，将其他群体也纳入比较范围从而改变自己的低地位，也就是我们常说的"比上不足，比下有余"。比如，看美剧的受众不再和看英剧的比了，而更多地和看大陆剧的观众进行比较。第三，改变低地位群体的典型特征的意义。比如，在黑人种族的黑色肤质被认为代表着暴力、懒散等后，黑人种族会重新赋予黑色肤质健康、有魅力、有韵律等积极的象征意义。这种策略可以在群体层面上提升社会认同，但改善的是对现状的认知和重新解读，对群体的实质地位并无提高。

③社会竞争是指通过发起冲突来改变现状，以联合行动、政治施压、集体反抗等行动直接挑战外群体，从而改变社会结构或群体的相对地位。比如，美国的种族冲突、被强制拆迁的居民上访等。这种策略会直接改变群体的客观条件和现实地位。低地位群体面对社会认同威胁时，采取何种策略受到社会结构特征的影响。社会认同理论将社会结构特征定义为，关于改善个体和群体地位的机会和动力的主观信念结构，包括三个方面：第一，群体边界的可渗透性，即个体是否有从低地位群体进入高地位群体的可能性；第二，群体地位的稳定

性，即群体与群体之间的差异性是否是持久而稳固的；第三，地位关系的合法性，在道德信念上对合法性的接受决定了低地位群体是否会产生改变的动机。

3.3 提出假设

3.3.1 高绩效工作系统和幸福感

员工幸福感是积极心理学领域的一个重要研究课题，其强调"快乐的人们会积极地参与组织活动，并且其工作表现更出色"。传统研究在解释影响幸福感的因素时更多关注收入、人格、文化、智力、社会地位等人口统计学变量。尽管工作在个体的生活中占据非常重要的位置，但是仅有少数研究探究了高绩效工作系统对员工幸福感的影响。目前，关于高绩效工作系统对员工幸福感影响的有限研究所得出的结论也并不一致，甚至相互冲突。部分学者认为高绩效工作系统会带来消极影响。比如，有些研究表明高绩效工作系统会增加员工的工作负荷和压力，降低员工的工作生活质量。这可能是因为高绩效工作系统会对员工增加要求，但是也有研究发现：高水平的工作要求并不一定会导致心智压力，如果员工面对高工作要求的同时也能具有高自主性，他们会更积极地投入工作从而具有更高的工作满意度。与此相反，绝大多数的研究认为高绩效工作系统会为员工带来积极影响。这些研究普遍认为高绩效工作系统通过提供更多的任务自由权限、良好的沟通渠道、更有意义的工作、更安全的工作体验、更友好的氛围等措施让员工受益。这样的管理体系让员工体验到被组织重视并对工作环境高度满意。此外，员工参与会直接影响幸福感。根据社会认同理论可知，组织能否满足员工的自尊需求以及组织成员资格能否带来情感和价值的意义，会影响员工的态度和行为。当高绩效工作系统提升了下属的自尊水平和价值，促进了下属的成长与发展时，他们也会对工作和生活产生更加积极的情感体验。组织会采用高绩效工作系统意味着在努力寻找通过组织关心、培训、员工投入、长期心理链接的方式来激发员工积极态度和行为。这种来自组织的关怀和鼓励与下属的积极社会心理的发展密切相关。另外，高绩效工作系统提倡工作参与、授权、团队工作等方式，通过为员工提供自主性的管理机会和满足员工的需求以建立工作的意义和不同岗位间的联系。组织满足下属的需求，有助于增强员工对组织的认同感。员工对于组织的认同感能影响工作满意度、角色外行为和员工幸福感。组织认同感越强的员工，其幸福感也越强。

基于此，笔者提出第一个假设 H_1：高绩效工作系统和员工幸福感之间显著正相关。

3.3.2 工作特征、高绩效工作系统对员工幸福感的影响

虽然人力资源管理和员工幸福感紧密相关，但是关于高绩效工作系统对员工幸福感的潜在效应的研究十分少。目前，有学者从组织公平的视角探讨了组织公平感在高绩效工作系统和员工幸福感之间的中介作用，从员工个体认知的视角探讨了自我效能感在员工感知的高绩效工作系统和幸福感之间的中介作用。也有学者提出员工幸福感不仅受组织公平和员工个体特征的影响，而且受工作特征的影响。早期的元分析研究已经证明了工作特征对员工幸福感的影响。该项研究通过对 28 篇实证研究进行分析后发现员工幸福感的变化主要是由工作特征引起的。工作资源 - 要求模型和工作特征模型都指出工作特征是影响员工幸福感的重要变量。但在现有研究中，探讨工作特征对员工幸福感的影响的研究很少。

已经有大量实证研究表明，高绩效工作系统可以改变工作特征，直接影响工作的本质。例如，高绩效工作系统通过工作本身的设计给予员工更多自行决定的自由、多样性的工作内容和更大的责任；高绩效工作系统直接增强员工的工作自主性。具体来看，高绩效工作系统提供了更多让员工参与决策的工作机会。让员工参与决策意味着以下几点。首先，员工有机会影响工作计划安排、工作方法设计、工作完成评价等环节。这既能促进员工的工作自主性、工作完整性的提升，又为员工提供了技能多样性锻炼和运用的机会；其次，让员工参与决策可以提升员工对其他人的影响力；最后，让员工参与决策有助于员工接触到更多的工作信息，提高工作反馈质量。高绩效工作系统为员工提供大量的培训机会，能够促进员工技能多样性的提升；团队工作的方式增加了员工影响他人的机会，有助于提升员工对工作重要性的体验；信息共享、绩效评估等管理实践为员工提供了直接的工作反馈。高绩效工作系统赋予了员工更广的角色宽度，为员工提供了参与决策的机会。这会直接提升员工对技能多样性、自主性的体验。

根据自我决定理论的观点可知，人类存在三种基本的内部心理需求，包括自主需求、能力需求和关系需求。相关研究发现，在自主需求、能力需求、关系需求这些基本内部需求上，满意度更高的员工会具有更积极的工作态度、更高的自尊水平和更强烈的幸福感体验。根据自我决定理论可知，外界环境因素可分为信息性因素、控制性因素和去动机性因素。其中，信息性因素为个体提

供自主选择和参与的机会，能够满足个体的自主需求和能力需求。高绩效工作系统本质上为一系列旨在提升员工能力、增强其动机和为其提供机会的人力资源管理实践，具有信息性的特征。

高绩效工作系统为员工提供了参与和影响工作计划安排、工作方法设计、工作完成评价、决策授权等环节的机会，有助于增强员工的工作自主性和工作完整性，让员工在工作的过程中拥有更大的自由决定空间，更自主地安排工作时间和方法；高绩效工作系统中广泛培训、绩效反馈、信息分享等实践有助于提高员工的技能多样性，让员工拥有和运用更多能力应对工作中的问题，体验游刃有余的感觉以满足能力需求；高绩效工作系统让员工参与决策，有助于提高员工对工作重要性的感知，拓宽了其获得工作反馈的渠道，让员工体验到自己的工作对他人的影响，满足员工的关系需求。因此，高绩效工作系统可以直接改变员工感知到的工作特征，进而通过满足员工的内部心理需求提升员工幸福感。

基于以上分析，笔者提出第二个假设 H_2：工作特征在高绩效工作系统与员工幸福感之间起中介作用。

3.3.3 工作意义感、高绩效工作系统对员工幸福感的影响

追求意义感是一个人一生中重要的目标。体验意义感会促进幸福感的提升。已有大量研究证实，意义感是预测个体幸福感最为重要的变量。工作在决定员工幸福感方面扮演着至关重要的角色。很多人都不仅仅把工作当作谋生或度日的手段，而是希望自己的工作有意义、有价值。工作意义感是员工对工作价值感和使命感的认知和评价，是员工对工作价值的一种主观体验；是人们在工作过程中认为自己工作是有价值的、是重要的一种积极心理状态。例如，一名庭园设计师将自己在工作中付出的努力与工作成果联系起来，当她在良好的户外空间和她的作品中找到了积极的关联意义时就会体验到工作意义感；相反，如果她联想到自己的工作成果与因使用化学药品、农药而破坏了环境相关，就不会产生积极意义感了。同样，当一个编辑将自己工作中的评论和修改元素当作提高出版质量的关键途径，就会在他自己的工作中找到积极意义。当员工能从工作中感知到意义时，会对工作产生更多的积极体验、兴趣和激情。员工在工作中获得的价值感和意义感会促进员工幸福感的提升。

高绩效工作系统虽然提出的起点是对组织绩效的关注，但其实现方式是激发员工的积极态度和主观努力。有学者基于 AMO 的视角在个体、群体和组织三个层面总结了高绩效工作系统的中介变量。其中，动机类的变量虽然在变量

名称上有所不同，但本质含义很接近，都指向组织对员工的关怀、尊重和重视。比如，组织支持感和组织支持氛围都反映了组织对员工的贡献和价值的重视程度，以及对个人福利和幸福的关心。组织对员工的尊重和关心会转化为员工的成就感、对组织的认同和个人自尊需求的满足。自尊是员工工作意义感的重要来源。

此外，高绩效工作系统强调为员工提供展示个人能力和才华的机会。中国人自古有"士为知己者死""报君黄金台上意，提携玉龙为君死"的情怀，将提供施展个人才华的平台视为个人价值实现的前提唯有获得赏识和机会才能不负平生所学。高绩效工作系统中的决策参与、团队工作等实践都在通过为员工提供展示才华的机会，来帮助员工获得工作意义感。例如，在一个社会服务机构中，由多个部门的人员组成了一支队伍。该队伍以团队工作的方式启动一个为老年人服务的项目。从事常规工作的行政和支持人员可以改变他们工作原有的关系范畴和任务事项，有更多的接触老年人和在必要时提供帮助的机会。能够去帮助那些迫切需要帮助的人，员工就能够以不同的和积极的方式定义他在组织中的身份，获得积极的工作意义感。此外，也有实证研究证实，高绩效工作系统中的团队工作等实践通过增强员工的意义感促进其幸福感的提升。团队工作、建言等高绩效工作系统所鼓励的工作方式都能增强员工以他人为导向的动机。有大量的证据表明，以他人为导向的动机可以获得一种意义感，减少员工的压力。正如一些学者解释的那样，"以他人导向的动机可以缓冲日常生活中潜在的压力"，也能"从服务于他人中产生更深层和更持久的幸福感"。

基于以上讨论，笔者提出第三个假设 H_3：工作意义感在高绩效工作系统与员工幸福感之间起中介作用。

3.3.4 高绩效工作系统、工作特征、工作意义感对员工幸福感的综合影响

工作是组合到一起后分配到个人的关于任务和关系的集合。学者们一直对这些元素共同构成个体工作体验的方式很感兴趣。具体工作中的任务边界和关系边界的差异会改变员工在工作中的社交和任务组成部分，体验不同类型的工作内容和工作意义。工作特征决定了员工如何进行工作，以及每天工作中的情绪体验。工作特征对员工的心理状态会产生深远影响。工作特征模型认为对工作意义的体验、对工作结果责任的体验、对工作活动实际结果的感知这三种关键心理状态在工作特征与工作产出之间具有中介作用。但是，后续的研究证明并非三种关键心理状态都具有预测作用，其中，对工作意义的体验可能是最为

关键的中介变量。

工作特征使人具有主动性意识和主动性行为，让员工通过将自己置身于工作的中心位置，从想法到行动上去探索改变自己工作的方式，并通过这一过程改善工作体验和提升工作意义感。例如，一位中学教师有选择教学工具的自主性，他会因为对 IT 技术感兴趣而花时间学习新的教学技术，同时又将新的技术引入教学环节中以推动教学质量的提升。员工通常都有在工作中找到积极意义的基本渴望，并在他们的组织内构建一个积极的身份。已有研究表明，工作特征会对员工的工作意义感体验产生重要影响。

基于以上讨论，笔者提出第四个假设 H_4：工作特征和工作意义感之间存在显著的正相关关系。

根据自我决定理论可知，在工作中，能够满足人的三种基本心理需求（自主需求、能力需求和关系需求）的社会事件或情境特征都能增强个体工作行为的内在动机。高绩效工作系统是企业实施的管理政策和实践活动。工作特征是具体影响员工每天工作的真实状态和体验的直接因素。也就是说，对于员工而言，工作特征是比高绩效工作系统更为近端的影响因素。工作特征作为情境因素会影响员工的心理状态。例如，员工从事的工作自主性越强、技能要求越多、重要性越大，员工投入的精力也会越多。这种工作本身的意义和员工完成高难度工作的成功体验会增强员工的工作意义感。具体而言，包括以下三点内容。①在自主需求方面，工作自主性和任务完整性的工作特征通过为员工提供更大的自由空间，为员工自主安排工作创造了机会，提供了其产生工作意义感的内在动机。②在能力需求方面，技能多样性的工作特征为员工发展多项能力提供了可能性。工作反馈有助于为员工提供有针对性的工作信息，并帮助其提高能力，在很大程度上增强了员工的胜任感，提高了其产生工作意义感的可能性。③在关系需求方面，工作重要性增强了员工对他人产生的影响力，提升了员工的社会影响力和社会价值，从而满足了关系需求。获得工作意义感的最佳方式就是积极地影响其他人的生活。因此，工作重要性为员工获得工作意义感提供了前提。工作完整性也让员工有了和更多同事接触的机会。例如，在工作中，一个市场分析师与销售人员建立了良好的关系，他能够更好地了解和感受到他的工作对销售人员产生的影响，满足了关系需求。根据工作特征模型可知，任何一份工作都可以通过工作自主性、工作完整性、技能多样性、工作重要性和工作反馈这五个核心维度来加以描述。已有相关研究证明，这五个维度作为一个复杂的整体发挥的作用强于每一个独立的维度。为此，本研究将哈克曼和奥尔德曼提出的五个核心工作维度作为一个整体变量来考虑。

此外，相关学者已经证明工作意义感是工作特征和个体的态度、行为变量之间最强而有效的中介。也有研究发现，员工在工作中获得的价值感和意义感会促进员工的幸福感的提升。

综合以上论述，结合假设 H_2、H_3、H_4，笔者提出第五个假设 H_5：高绩效工作系统会有顺序地通过工作特征和工作意义感影响员工幸福感。

3.3.5 家长式领导的调节作用

高绩效工作系统作为组织采取的管理实践措施会对工作特征产生影响。但是这两者之间的关系很可能会受到领导风格的影响。在组织情境中，领导是"意义的制造者"。在互动过程中，领导会通过使用语言和符号来影响员工。因为领导需为员工分配任务、决定奖惩，所以，领导的知觉、态度对员工至关重要。领导是影响员工工作的重要情境因素之一。领导风格会影响员工对工作特征的认知和体验。领导作为组织政策传达和实施的代理人，会影响高绩效工作系统的实施方式和信号传递。有学者提出工作特征并不是既定的，而是被构建的。换句话说，员工根据从社会背景中获得的信息来判断，并发展他们对意义感、重要性和工作多样性的知觉。如果领导为员工提供自主的空间并提供和工作相关的资源支持，在高绩效工作系统下，员工就会更容易感知和体验到工作自主性、工作重要性、工作反馈等积极的工作特征，同时，和领导建立起良好的上下级关系，满足关系需求。反之，同样是实施让员工参与、拓宽建言渠道等高绩效工作系统的实践，如果领导在分派工作的过程中硬性规定员工的工作计划，监控员工的工作过程，不为员工提供所需的资源，对员工缺乏关怀，使员工的实际工作并不具备工作自主性、技能多样性等工作特征，那么员工感知到的是不被信任和无法自主工作，进而阻碍其自主需求和能力需求得到满足。同时，员工难以建立起和领导的良好关系，也缺少在工作中与更多同事建立良好关系的机会。

家长式领导行为广泛存在于华人乃至西方组织中。瑞安团队的家长式领导为员工提供良好的工作环境、参与员工工作外的生活、对下属有忠诚的期望。虽然该类领导风格期望下属忠诚，但是其有别于郑氏家长式领导中的威权领导。威权领导通过权威和高压的方式要求员工顺从，但是员工并不清楚领导要求顺从的意图。而瑞安团队的家长式领导中的"对下属有忠诚的期望"维度则更多地表现为，领导通过给予无微不至的关照和支持期望下属忠诚和达成组织目标。瑞安团队的家长式领导在影响机制上和郑氏家长式领导的"仁慈"维度相似。仁慈领导会在工作和生活上全面照顾员工，当员工在工作中遇到困难时会及时提供员工所需的帮助。这为员工完成具有挑战性的工作任务提供了保障。此外，仁慈领导对下属十分宽容和谅解。当下属在工作中犯错时，仁慈领导会给予谅解和帮助。这有助于员工主动迎接挑战和承担责任。因此，仁慈领导下的员工，在接到高绩效工作系统中有挑战性的工作任务时会倾向于参与和担当而非回避。这让他们更有机会体验到工作过程中的自主性、多样性、重要性等工作特征。根据社会信息加工理论的观点，个体所处的社会环境提供了各种影响其态度、调节其行为的社会信息，其认知和体验在很大程度上受到周围环境的影响。领导是影响员工感知和行为的重要情境变量，会影响员工对高绩效工作系统的解读。在高家长式领导的工作环境中，领导关心员工的生活和福利，支持员工的工作和发展，从而使员工会更倾向于将高绩效工作系统的实践解读为对自己有益处的措施。相反，同样的高绩效工作系统的实践可能会被员工解读为对自己的压榨。比如，绩效评估系统会增加员工的工作反馈特征。但这也属于挑战型压力，因为这会增加员工工作的压力。得到家长式领导支持的员工会更倾向于积极解读这一管理措施并且主动寻求反馈，因此会体验到积极工作特征；相反，无法得到资源支持的员工会对这一措施持消极态度，做出回避行为，甚至产生消极情绪。这会有损员工对工作特征的感知。

基于以上讨论，笔者提出第六个假设 H_6：家长式领导正向调节高绩效工作系统与工作特征之间的关系。与低家长式领导相比，高家长式领导下的高绩效工作系统对工作特征的正向影响更强。

综合假设 H_5 和 H_6，笔者提出第七个假设 H_7：家长式领导正向调节高绩效工作系统与员工幸福感之间的间接关系。与低家长式领导相比，这一间接关系在高家长式领导下更强。

3.3.6 自我效能感的调节作用

自我效能感是一个人对自己能力的信念，是个体在满足特定任务需求时，激发行为动机、调动认知资源及行动资源的能力，代表了"人们对自身完成既定行为目标所需能力的判断和自信程度"。自我效能感是影响个体行为决策的重要因素之一。由于个体对环境的反应包括认知层面、情感层面和行为层面，因此同样的情境对不同的个体而言会造成不同的心理和行为影响。

工作特征本身会影响员工对工作情境的知觉和体验。处于较高水平的工作自主性、工作重要性等工作特征，会增强员工的工作动机，激发员工的主动积极性，使其在工作过程中获得积极的工作体验，产生积极的工作态度和行为；相反，处于较低水平的工作特征，会使员工处于消极的工作状态，产生负面的情绪和反应。一些学者提出在讨论工作特征影响机制时需要考虑个体特征的调节作用，深入探讨工作特征模型对具有不同工作特征的个体的适应性。也有学者建议从个体资源方面探究对工作要求 - 资源模型的作用机理的影响。此外，资源保存理论认为，个体特征是一种具有普遍意义的内在认知资源。在探究工作特征对于员工个体幸福感的影响时，自我效能感代表了这一情境下员工的内部反应过程，整合了外在情境信息与个体的稳定特征，从而完整地反映出情境 - 人的交互结构。自我效能感会影响个体的应对策略和行为。自我效能感高的个体更倾向于采取达到环境要求的策略，将外部提出的要求视作挑战和积极的体验，并主动采取行动和调整认知。相反，自我效能感低的个体对于同样的外部要求会将其视为压力而投入更多的精力，从而造成情绪耗竭等负面影响。由此可以推测，自我效能感高的员工往往具有丰富的内在认知资源，自身具备较高的工作动机水平。这有助于其感受到更强的工作意义感。相反，自我效能感低的员工的内在资源相对匮乏，面对同样的工作情境，他们对于克服资源匮乏的困难、改变工作情境的信心不足，进而降低其工作动机和工作过程中的体验。由此可见，对于自我效能感高的员工而言，无论其身处工作特征水平高的情境中还是工作特征水平低的情境中，其体验到的工作意义感都会强于自我效能感低的员工。

　　具体而言，相较于高自我效能感的员工，工作特征对自我效能感低的员工的工作意义感的影响可能更显著。员工动机的产生是形成工作意义感的内在心理机制。根据内在动机理论可知，在工作中，能够满足人的三种基本心理需求（自主需求、能力需求和关系需求）的社会事件或情境特征都能增强个体工作行为的内在动机。对于自我效能感较低的员工而言，当其处于工作特征水平较高的情境下，工作自主性和完整性通过为员工提供更大的自主权满足了其自主需要；工作多样性和工作反馈通过为员工提供应对多项任务和及时获取信息的方式满足其能力需求；工作重要性通过提高员工对他人的影响程度来满足关系需求，从而提升工作意义感。对于自我效能感较高的员工而言，工作特征对工作意义感的影响可能较小。自我效能感高的员工始终有完成具有挑战性工作的信心，他们相信自己有能力胜任高要求的工作和适应新环境的要求，在工作中，他们会表现出积极的工作态度和行为。因此，无论在工作特征水平较高的情境下，还是在工作特征水平较低的情境下，自我效能感高的员工会主动寻求积极的工作方式以获得积极的工作体验。

　　基于此，笔者提出第八个假设 H_8：自我效能感负向调节工作特征与工作意义感之间的关系。与自我效能感高的员工相比，工作特征对自我效能感低的员工的工作意义感的正向影响更大。

综合假设 H_5 和 H_8，笔者提出第九个假设 H_9：自我效能感负向调节高绩效工作系统通过工作特征、工作意义感对员工幸福感产生的间接效应。与自我效能感高的员工相比，这一间接效应对自我效能感低的员工的影响更大。

3.4 研究模型

基于自我决定理论，本研究探讨了高绩效工作系统对员工幸福感影响的过程机制与边界条件。核心思路：高绩效工作系统会通过工作特征影响工作意义感，进而影响员工幸福感。本研究进一步探究了领导因素和个体因素对这一链式中介的调节作用。基于上述核心思路，本研究提出如下研究模型（见图 3-1）。

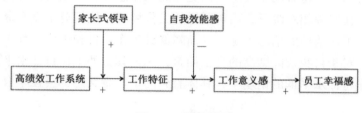

图 3-1 研究模型

第4章　研究方法

4.1　研究对象与程序

　　本研究样本主要为来自北京、福建、黑龙江、浙江、云南多地的12家企业，涉及电力、教育、政府、金融、IT、医疗等多个行业。研究对象主要是一线员工，涉及的岗位包括客服、销售、技术、维修、人力资源管理等岗位。通过社会网络找到12家企业的一线部门经理或人力资源经理，说明本次调查的目的、要求和用途，在得到对方同意和支持后开始进行问卷收集。第一步，笔者对委托发放问卷的各位部门经理和人力资源经理进行培训，培训内容包括：如何向被调查者说明本次调查的学术性目的、发放过程中的注意事项、回收问卷时的标记规则等。第二步，各企业收集问卷的受托人发放第一轮问卷，在发放问卷时按照培训的内容说明调查的学术目的，打消被调查者的顾虑，在回收问卷时由受托人在问卷的背面标注序号。第三步，各企业收集问卷的受托人将第一轮问卷寄回给笔者。第四步，2个月后收集问卷的受托人按照第一轮的发放流程和要求向填写了第一轮问卷的被调查者发放第二轮问卷。第五步，收集问卷的受托人将第二轮问卷寄回给笔者。为了提高问卷的质量，在被调查者作答问卷前，给每名被调查者小礼品以示感谢。

　　问卷收集时间为2017年12月到2018年2月。第一轮回收问卷607份，第二轮回收问卷453份，在剔除了无法匹配、数据缺失严重、作答具有明显规律性等类型的无效问卷后，两轮配对成功的有效数据为431份，问卷总体有效率为71%。从员工数据看，员工平均年龄为33.47岁（SD = 8.54），平均司龄为8.87年（SD = 7.98），男性占49.19%，女性占50.81%；从受教育程度看，高中及以下占7.19%，大专占12.06%，本科占64.50%，研究生及以上占 16.24%；从婚姻状况看，已婚的占 49.07%，未婚的占 50.93%；从岗位类型看，31.24% 为制造类工人，26.3% 为技术或研发岗，23.90% 为销售或市场岗，18.56% 为职能部门。

4.2　变量测量

本研究尽量采用在中国情境下得到验证的量表，对于发表在英文期刊上的量表利用双向互译程序进行翻译。为了避免数据同源，变量数据的收集分两次进行，第一轮收集高绩效工作系统、家长式领导的测量数据，第二轮收集工作特征、工作意义感、幸福感、自我效能感的测量数据。

4.2.1 高绩效工作系统

本研究采用孙健敏等基于中国组织情境对休斯利德等开发的高绩效工作系统问卷的修订版本。该问卷共 22 个条目，后续补充为 25 个条目。该量表采用李克特 5 点计分法，"1" 代表 "完全不同意"，"5" 代表 "完全同意"。典型测量条目有 "员工代表能够参与涉及员工个人利益的重大决策" "员工每年都有机会参加培训"，其中 "员工工资多少主要是由资历决定的" 为反向计分。本研究中该量表的信度为 0.938。

4.2.2 工作特征

本研究采用摩根森和汉弗莱编制的工作设计问卷中的 24 个条目的任务特征部分，包括工作自主性、技能多样性、任务完整性、工作重要性和工作反馈五个维度。采用李克特 5 点计分法，"1" 代表 "完全不同意"，"5" 代表 "完全同意"。典型测量条目有 "我所从事的工作允许我自己决定工作的进度安排" "工作任务本身能给予我有关绩效表现的相关信息"。本研究中该量表的信度为 0.879。

4.2.3 工作意义感

本研究采用斯滕格等编制的共包含 10 个条目的工作意义感量表。该量表采用李克特 6 点计分法，"1" 代表 "强烈不同意"，"6" 代表 "强烈同意"。典型测量条目有 "我明白我的工作如何使我的生活更有意义" "我认为我的工作能促进我个人成长"。本研究中该量表的信度为 0.893。

4.2.4 员工幸福感

卡明斯等人编制、共包含 8 个条目的个人幸福指数量表。该量表从生活水平、健康状况、个人所取得的成就、人际关系、安全状况、社会参与、未来保障和宗教信仰八个方面评价个体的幸福程度。该量表在中国被试群体中被验证具备良好的信度和效度。笔者结合中国实际国情，删除了"宗教信仰"方面的题目，同时，增加了家庭关系、工作学习状况和社会地位方面的题目，形成了最终的共 10 个题目的幸福感量表。在本研究中，该量表的信度为 0.937。

4.2.5 家长式领导

在本研究中，家长式领导测量采用瑞安、许恩斯、森、费尔费和沙赫尔修订的共 10 个条目的量表。采用李克特 6 点计分法，"1"代表"非常不同意"，"6"代表"非常同意"。典型测量题目有"家庭成员（父母或哥哥姐姐）一样对待自己的员工""评价员工时更看重忠诚而不是绩效""作为他对员工关心和培育的回报，他期望下属对他忠诚和服从"。本研究中该量表的信度为 0.929。

4.2.6 自我效能感

采用施瓦茨等编制的共 10 个条目的自我效能感量表。采用李克特 6 点计分法，"1"代表"强烈不同意"，"6"代表"强烈同意"。典型测量条目有"我自信能有效地应付任何突如其来的事情""如果我尽力去做的话，我总是能够解决难题的"。本研究中该量表的信度为 0.911。

根据以往研究在探讨员工幸福感前因时选取的控制变量情况，笔者控制了员工的性别、年龄、教育程度、每周工作时长、婚姻状况等变量，在探讨组织因素对员工幸福感的影响时会控制个体因素带来的影响。

4.3　统计分析方法

本研究主要进行了以下方面的数据分析。①进行描述性统计分析。通过均值来反应每个研究变量的集中程度，通过标准差来呈现各个研究变量的离散程度。②进行相关分析。通过帕尔森相关系数呈现各个变量之间的相关性，相关系数提供的信息能够帮助笔者进行变量关系的初步判断。首先，笔者通过相关系数的大小来识别变量之间的相关程度：一般而言，0.8 以上为极强相关，0.5 ～ 0.8 为强相关，0.3 ～ 0.5 为中等相关，0.1 ～ 0.3 为弱相关，0.1 以下则表示不相关。其次，笔者通过相关系数的大小初步判断变量之间的区分性。变量的相关系数一般需要小于 0.7。③进行各个变量的测量模型数据分析，检验其是否都作为独立潜在变量而存在。④对各个变量进行验证性因子分析，判断量表本身的结构效度及各个变量之间的区分性。⑤进行全模型检验。

综上所述，本章主要介绍了研究的调查对象、问卷的收集程序、使用的测量工具和统计分析方法。为了避免数据同源和被调查者有所顾虑，本研究采用两个阶段的匿名填写方式进行调查；为了实现两次数据的配对，由问卷收据的受托人在回收问卷的过程中进行背面标注。在统计分析上，本研究采用了中介检验、调节检验、全模型检验的相应统计分析方法。

第 5 章 数据分析结果

本章通过 Spss22、Mplus7.0 等统计分析软件对样本数据进行分析，主要包括描述统计与相关分析、验证性因子分析、路径分析、Bootstrap 中介效应检验、调节效应的简单斜率检验等。本研究中的样本包含了电力、金融、教育、烟草等多个行业，以及研发、销售、职能等多个岗位类型，可能会由于行业或岗位的不同产生不同工作特征的差异，对研究结果产生影响。为此，笔者通过方差分析进行检验，结果发现，工作意义和幸福感在行业上差异不显著，分别是 $F(4) = 1.99$，$F(4) = 1.76$，对应的 p 值均大于 0.05；在岗位类型上差异也不显著，分别是 $F(4) = 0.59$，$F(4) = 0.28$，对应的 p 值均大于 0.05。基于此，为不增加模型的复杂度，笔者没有将其作为控制变量。

5.1 描述统计与相关分析

表 5-1 给出了各个变量的均值、标准差以及变量之间的相关系数。从相关系数看，高绩效工作系统与工作特征（$r = 0.55$，$p < 0.01$）、工作意义感（$r = 0.65$，$p < 0.01$）、幸福感（$r = 0.47$，$p < 0.01$）正相关，工作特征与工作意义感（$r = 0.49$，$p < 0.01$）、幸福感正相关（$r = 0.26$，$p < 0.01$），初步验证了中介效应存在的可能性。家长式领导与其他变量也均存在正相关关系，与高绩效工作系统（$r = 0.46$，$p < 0.01$）、工作特征（$r = 0.28$，$p < 0.01$）、自我效能感（$r = 0.36$，$p < 0.01$）、工作意义感（$r = 0.40$，$p < 0.01$）、幸福感（$r = 0.52$，$p < 0.01$）存在正相关关系。

表 5-1　变量间相关分析表

变量	均值	标准差	1	2	3	4	5	6	7	8	9	10	11
1. 性别	0.51	0.50	1										
2. 学历	3.87	0.83	0.010*	1									
3. 年龄	31.36	6.86	-0.07	-0.28**	1								
4. 司龄	6.13	6.23	-0.04	-0.38**	0.78**	1							
5. 周工作小时	43.36	8.58	-0.06	0.03	-0.08	-0.06	1						
6. 婚姻状况	0.52	0.52	0.05	-0.12*	0.36*	0.31**	-0.10*	1					
7. 子女数量	1.43	0.58	-0.02	-0.14**	0.45**	0.39**	-0.09	0.70**	1				
8. 高绩效工作系统	3.60	0.54	-0.00	-0.09	0.02	0.00	-0.01	0.07	0.06	1			
9. 家长式领导	4.31	0.96	-0.04	-0.19**	-0.05	-0.01	-0.04	-0.09	-0.11*	0.46**	1		
10. 自我效能感	4.34	0.75	-0.05	-0.07	0.07	-0.01	0.01	-0.08	-0.11*	0.40**	0.36**	1	
11. 幸福感	5.12	1.09	0.037	0.13**	0.13**	0.11*	-0.10*	0.03	-0.00	0.47**	0.52**	0.41**	1

注：+ 代表 $p < 0.10$，* 代表 $p < 0.05$，** 代表 $p < 0.01$

5.2　测量模型分析

表 5-2 给出了各个变量的测量模型数据。本研究选取了 C_2/df、RMSEA、CFI、TLI、SRMR 作为衡量模型拟合的重要指标。一般而言，$C_2/df < 5$，RMSEA < 0.8，CFI、TLI > 0.9，SRMR < 0.05。从表 5-2 可以看出，本研究所涉及的 6 个潜变量的 C_2/df 均小于 5；从 RMSEA 看，工作意义感、自我效能感和幸福感的数据大于 0.08，其他变量的 RMSEA 均小于 0.08。但是自我效能感、幸福感、工作意义感的 CFI 与 TLI 均大于 0.09，且 SRMR 也均小于 0.05。综合各项指标看，各个变量的独立测量模型成立。可以将之作为一个独立的潜在变量来进行分析。

表 5-2　各个变量的测量模型分析

变量	C_2/df	RMSEA	CFI	TLI	SRMR
高绩效工作系统	3.497	0.076	0.874	0.861	0.052
家长式领导	3.466	0.077	0.979	0.968	0.033
工作特征	3.946	0.078	0.926	0.917	0.048
自我效能感	4.679	0.092	0.956	0.932	0.036
工作意义感	4.072	0.084	0.965	0.949	0.035
幸福感	4.852	0.095	0.959	0.943	0.030

5.3　变量区分效度检验

尽管表 5-2 给出了各个变量独立进行验证性因子分析的结果，并发现各个变量具有良好的建构效度，但是并没有进一步分析变量之间是否是相互独立的。为此，本部分进一步采用验证性因子分析通过变量逐级合并的方式来检验变量的区分效度。由于变量的测量条目过多，而本文的样本量不是很大，笔者采用了项目打包的方法将高绩效工作系统、工作意义感、幸福感、家长式领导和自我效能感的测量题目都打包成 3 个条目的测量模型，将工作特征打包成 5 个条目的测量模型，然后进行数据分析。分析结果如表 5-3 所示。本研究假定的六因子模型具有较高的数据拟合度，$C_2/df = 2.302$，RMSEA $= 0.055 < 0.08$，CFI、TLI 的数值也均 > 0.90，SRMR $= 0.042 < 0.05$。再从五因子模型的变量区分效度检验结果中可以看出，所有的五因子模型相比于六因子模型的数据拟

合都较差，且都不符合数据拟合标准。而单因子模型作为粗略估计共同方法偏差的重要方式，也发现单因子模型的数据拟合度低，说明不存在单一因子解释所有变量的情况。本部分并没有进一步检验四因子模型、三因子模型、两因子模型，因为随着因子数量递减，模型的数据拟合度肯定越来越低。当所有五因子模型的数据拟合度都比六因子模型的数据拟合度更低时，就可以肯定本研究假定的六因子模型已是最理想的。

表 5–3　变量区分效度检验

模型	C_2/df	RMSEA	CFI	TLI	SRMR
六因子模型：高绩效工作系统、家长式领导、工作特征、工作意义、自我效能感、幸福感	2.302	0.055	0.973	0.966	0.042
五因子模型：高绩效工作系统 + 家长式领导、工作特征、工作意义、自我效能感、幸福感	8.127	0.129	0.848	0.814	0.087
五因子模型：高绩效工作系统、家长式领导、工作特征 + 工作意义、自我效能感、幸福感	4.719	0.093	0.921	0.903	0.056
五因子模型：高绩效工作系统、家长式领导、工作特征、工作意义 + 自我效能感、幸福感	6.680	0.115	0.879	0.852	0.069
五因子模型：高绩效工作系统、家长式领导、工作特征、工作意义 + 幸福感、自我效能感	8.664	0.133	0.837	0.800	0.120
五因子模型：高绩效工作系统、家长式领导、工作特征 + 自我效能感、工作意义、幸福感	5.868	0.106	0.896	0.873	0.095
单因子：高绩效工作系统 + 家长式领导 + 工作特征 + 自我效能感 + 工作意义 + 幸福感	21.481	0.218	0.53	0.467	0.121

5.4　中介效应分析

为了检验假设 2 和假设 3，笔者采用路径分析的方式进行中介效应分析。笔者并没有采用基于潜变量的结构方程模型进行分析，因为本研究构建的是调节与中介并存的模型，潜变量在调节效应分析时还并不完善，涉及的数据计算量也很庞大。为此，笔者采用了变量均值，进行路径分析。为了排除调节变量的干扰，笔者首先进行简单的中介效应分析。为了检验假设 1，笔者在控制了相应的控制变量上，单独以高绩效工作系统为自变量，幸福感为因变量进行最简单的回归分析。结果发现高绩效工作系统对员工幸福感产生积极影响（$\beta = 0.32$，$p < 0.01$），假设 1 成立。为了进一步验证后续的假设，本研究采用中介效应全模型检验。M_1 模型为在只放入控制变量的情况下分别对工作特征、

工作意义感、员工幸福感进行回归分析的模型。从 R_2 可看出，这些控制变量对因变量的解释程度很低。M_2 为中介效应全模型检验结果：高绩效工作系统对工作特征产生正向影响（$\beta = 0.54$，$p < 0.01$），工作特征对幸福感的影响不显著（$\beta = -0.05$，$p > 0.05$），假设 2 不成立。高绩效工作系统对工作意义感影响显著（$\beta = 0.55$，$p < 0.01$），而工作意义感对幸福感影响显著（$\beta = 0.26$，$p < 0.01$），初步验证了假设 3 成立。工作特征对工作意义感的影响显著（$\beta = -0.18$，$p > 0.05$），验证了假设 4，也初步验证了高绩效工作系统可能通过工作特征、工作意义感的作用影响幸福感。从中介模型与控制变量模型的解释力看，M_2 对工作特征、工作意义感、幸福感的解释力 R_2 比 M_1 对这三者的解释力 R_2 分别多出了 0.29（$p < 0.01$）、0.44（$p < 0.01$）、0.25（$p < 0.01$）。

表 5–4 中介效应检验

变量	工作特征		工作意义感		幸福感	
	M_1	M_2	M_1	M_2	M_1	M_2
性别	−0.05	−0.05	−0.07+	−0.06+	0.05+	0.06
教育程度	−0.17	−0.12**	−0.09**	−0.01	−0.11	−0.06
年龄	−0.04	−0.05	0.05	0.04	0.14	0.12+
司龄	−0.03	0.01	−0.11	−0.06	−0.02	0.03
工作时间	−0.04	−0.04	−0.03	−0.03	−0.09	−0.08+
是否已婚	−0.03	−0.06	−0.04	−0.06	0.04	0.03
儿女数量	0.06	0.04	0.06	0.04	−0.11	−0.13*
自变量						
高绩效工作系统		0.54**		0.55**		0.32**
中介变量						
工作特征				0.18**		−0.05
工作意义感						0.26**
R_2	0.03	0.32	0.02	0.46	0.04	0.29
$\triangle R_2$	0.29**		0.44**		0.25**	

注：+ 代表 $p < 0.10$，* 代表 $p < 0.05$，** 代表 $p < 0.01$。

　　路径分析只能显示变量之间的因果关系，并没有对中介效应进行直接检验。为了弥补传统回归分析检验中介效应的不足，笔者进一步采用偏差矫正的 Bootstrap 法进行中介效应检验，设置抽样次数为 5000 次。表 5-5 给出了中介效应的检验结果。通过表 5-5 可以看到，高绩效工作系统通过工作特征对幸福感产生的影响不显著，进一步否定了假设 2。高绩效工作系统通过工作意义感影响幸福感的路径效应值达到 0.25，95% 的置信区间不包括 0。假设 3 通过验证。高绩效工作系统通过工作特征、工作意义感影响幸福感的路径效应值达到 0.04，95% 的置信区间不包括 0。假设 5 通过检验。

表 5-5　中介效应的 Bootstrap 法检验

中介路径	间接效应	效应量	95% 置信区间
高绩效工作系统—工作特征—幸福感	−0.08	0.00%	[−0.213，0.039]
高绩效工作系统—工作意义感—幸福感	0.25	26.42%	[0.140，0.379]
高绩效工作系统—工作特征—工作意义感—幸福感	0.04	4.19%	[0.018，0.082]

注：效应量 = 间接效应 / 总效应，总效应 = 直接效应 + 间接效应

5.5　有调节的中介模型检验

为了验证假设 6 到假设 9，笔者引入调节变量构建有调节的中介模型进行全模型检验。M_1 是不包含交互项，只引入了调节变量的模型。M_2 是增加了交互项的模型，是检验交互效应的直接模型。从表 5-6 中可看出，高绩效工作系统 * 家长式领导对工作特征的影响是正向的，且影响显著（$\beta = 0.94$，$p < 0.01$），初步验证了假设 6。以工作意义感为因变量的模型看，工作特征 * 自我效能感的交互项对工作意义感的影响是负向的，且影响显著（$\beta = -0.67$，$p < 0.01$），初步验证了假设 8。引入交互项相比于不引入交互项的 M_1 来看，对工作特征、工作意义感的解释力分别多出了 0.01 与 0.12。

表 5-6　调节效应分析

变量	工作特征		工作意义感		幸福感	
	M_1	M_2	M_1	M_2	M_1	M_2
性别	−0.04	−0.04	−0.05	−0.03+	0.05	0.05
教育程度	−0.11*	−0.10**	−0.01**	−0.01	−0.06	−0.06
年龄	−0.04	−0.04	−0.03	−0.04	0.13	0.13
司龄	0.03	0.03	−0.03	−0.02	0.03	0.03
工作时间	−0.04	−0.04	−0.02	−0.02	−0.09	−0.09*
是否已婚	−0.04	−0.05	−0.08	−0.07	0.03	0.03

续表

变量	工作特征		工作意义感		幸福感	
	M_1	M_2	M_1	M_2	M_1	M_2
子女数量	0.04	0.05	0.09+	0.08	−0.12	−0.12*
自变量						
高绩效工作系统	0.54**	0.09	0.46**	0.41**	0.33**	0.33**
中介变量						
工作特征			0.15**	0.51**	−0.07**	−0.07
工作意义感					0.27**	0.31**
调节变量						
家长式领导	0.01	−0.62**				
自我效能感			0.28**	0.66**		
交互项						
高绩效工作系统 *家长式领导		0.94**				
工作特征 * 自我效能感				−0.67**		
R_2	0.33	0.34	0.52	0.64	0.30	0.31
$\triangle R_2$		0.01**		0.12**		0.00

注: + 代表 $p < 0.10$, * 代表 $p < 0.05$, ** 代表 $p < 0.01$

为了进一步检验调节效应的存在，笔者采用了加减一个标准差的方式来进行调节效应分析（如表 5-7 所示）。通过分析发现，家长式领导对高绩效工作系统与工作特征直接关系的调节效应成立，组间差异明显，差异值达到 0.23（$p < 0.01$），假设 6 进一步得到验证。进一步分析高、低家长式领导下高绩效工作系统对幸福感的串联间接效应后发现，组间差异达到 0.06，也达到了显著水平，$p = 0.047 < 0.05$，假设 7 得到支持。同理，当自我效能感高时，工作特征对工作意义感的影响力相对较小（$\beta = 0.64$，$p < 0.05$）；当自我效能感较低时，工作特征对工作意义感的影响力更大（$\beta = 0.83$，$p < 0.01$），验证了假设 8。而进一步的间接效应组间差异检验可以发现，高绩效工作系统通过工作特征、工作意义感对幸福感的影响的间接效应组间差异不显著，假设 9 未通过验证。

表 5-7　调节效应的差异性检验

分析路径	家长式领导的调节作用	效应量	p 值	自我效能感的调节作用	效应量	p 值
直接效应	高家长式领导	0.21	0.163	高自我效能感	0.64	0.047
	低家长式领导	0.01	0.941	低自我效能感	0.83	0.000
	组间差异	0.23	0.004	组间差异	−0.19	0.001
串联间接效应	高家长式领导	0.06	0.213	高自我效能感	0.02	0.613
	低家长式领导	−0.01	0.941	低自我效能感	0.03	0.614
	组间差异	0.06	0.047	组间差异	−0.01	0.616

　　为了更加直观地反映交互效应的情况，研究者分别绘制了家长式领导的简单调节效应图（见图 5-1）和自我效能感的简单调节效应图（见图 5-2）。

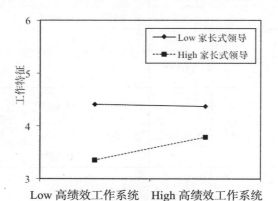

图 5-1　家长式领导的简单调节效应图

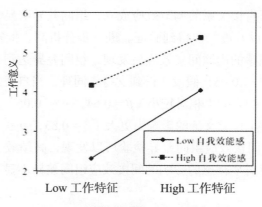

图 5-2　自我效能感的简单调节效应图

5.6　数据分析结果总结

本研究的检验结果如表 5-8 所示。高绩效工作系统正向影响员工幸福感，假设 H_1 得到支持。工作特征在高绩效工作系统和员工幸福感之间的中介作用并不显著，假设 H_2 未得到支持。工作意义感在高绩效工作系统和员工幸福感之间中介作用显著，假设 H_3 得到支持。工作特征和工作意义感显著正相关，假设 H_4 得到支持。高绩效工作系统通过工作特征影响工作意义感进而影响员工幸福感，假设 H_5 得到支持。家长式领导正向调节高绩效工作系统与工作特征之间的关系，假设 H_6 得到支持。家长式领导正向调节高绩效工作系统与员工幸福感之间的间接关系，假设 H_7 得到支持。自我效能感负向调节工作特征与工作意义感之间的关系，假设 H_8 得到支持。自我效能感负向调节高绩效工作系统通过工作特征、工作意义感对员工幸福感的间接效应，假设 H_9 未得到支持。

表 5-8　假设检验结果汇总表

本研究假设	检验结果
H_1：高绩效工作系统和员工幸福感之间存在显著正相关关系	被支持
H_2：工作特征在高绩效工作系统与员工幸福感之间起中介作用	未得到支持
H_3：工作意义感在高绩效工作系统与员工幸福感之间起中介作用	被支持
H_4：工作特征和工作意义感之间存在显著的正相关关系	被支持
H_5：高绩效工作系统会有顺序地通过工作特征和工作意义感影响员工幸福感	被支持
H_6：家长式领导正向调节高绩效工作系统与工作特征之间的关系	被支持
H_7：家长式领导正向调节高绩效工作系统与员工幸福感之间的间接关系	被支持
H_8：自我效能感负向调节工作特征与工作意义感之间的关系	被支持
H_9：自我效能感负向调节高绩效工作系统通过工作特征、工作意义感对员工幸福感的间接效应	未得到支持

第 6 章　结论与讨论

　　随着企业竞争的加剧、员工压力的增大，实践领域的管理者越来越重视员工幸福感。美国心理协会和最佳职场研究所都指出雇主相信让员工幸福的重要性并在相关方面持续投入。但是，高绩效工作系统和员工的行为结果变量之间的研究十分有限。许多研究者呼吁全社会开展更多以员工为中心的高绩效工作系统方面的研究，并且关注高绩效工作系统如何影响员工的与健康相关的变量。

　　为顺应这一研究趋势，本研究探索高绩效工作系统对员工幸福感的影响机制和边界条件。本研究通过对高绩效工作系统、员工幸福感、工作意义感、工作特征等相关概念的已有研究的梳理，结合自我决定理论，提出了本研究的理论模型，采用已有的标准化量表进行问卷收集，通过数据分析验证了量表的信度和效度，并对高绩效工作系统影响员工幸福感的过程和边界条件进行了分析。在以上章节总结归纳和数据结果的基础上，本章首先对研究结论进行陈述，并结合自我决定理论和已有相关实证研究结果探讨本研究结论的合理性。其次，基于研究结论，结合当前的管理困境，给出管理实践建议。最后，总结本研究的局限并提出未来研究方向。

6.1　研究结论

　　笔者在对 431 名员工的调查结果进行整理分析后，将研究结论总结如下。

6.1.1 高绩效工作系统正向影响员工幸福感

　　本研究基于中国组织情境验证了高绩效工作系统对员工幸福感的积极影响，为高绩效工作系统和员工幸福感之间关系的探讨提供了依据。高绩效工作系统是一个多层次的概念，阿瑟和博伊尔斯把高绩效工作系统分为组织规划的人力资源系统、管理实施的人力资源系统和员工感知的人力资源系统。也有学者将高绩效工作系统划分为客观实施的人力资源管理政策和主观感知的人力资源管理实践。关于高绩效工作系统和员工幸福感之间的关系，不同的研究者研究了不同层次的高绩效工作系统，得出了相应结论。赫弗曼和邓登验证了公司层面的高绩效工作系统对幸福感的正向影响。克鲁恩等发现组织实施的高绩效工作系统实践有助于减缓员工的职业倦怠。还有大量学者验证了员工感知到的高绩效工作系统对员工幸福感的正向影响。可见，无论是组织实施的高绩效工作系统，还是员工感知到的高绩效工作系统，都会正向影响员工幸福感。

此外，高绩效工作系统的研究数据大多来自美国、英国、加拿大和澳大利亚。这些经过验证的有关高绩效工作系统的研究结论在多大程度上可以推论到中国和非西方国家这个问题仍然有待探究，需要大量研究者在非西方组织背景下进行关于高绩效工作系统的研究。在过去的几年里，中国组织的管理体系发生了巨大变化。而关于当前中国企业的高绩效工作系统的研究数据非常有限。为了顺应这一研究趋势，近几年，我国学者也开始关注高绩效工作系统和员工幸福感之间的关系。比如：颜爱民、胡仁泽和徐婷以多家企业的 491 名新生代员工为样本验证了高绩效工作系统有助于员工工作幸福感的提升；杜旌、李难难和龙立荣以 360 名银行员工为样本验证了高绩效工作系统正向影响员工幸福感。但是，这些研究都是在单一时间点上回收数据的。这在一定程度上影响了结论的可信度。本研究采用了在两个时间点回收 431 员工的调查数据的研究方式，有助于笔者得出更准确合理的结论。

6.1.2 高绩效工作系统通过工作特征、工作意义感的串联中介正向影响员工幸福感

本研究的结果显示，工作意义感作为单一中介变量在高绩效工作系统和员工幸福感之间的效应量为 26.42%。工作特征作为单一中介变量在高绩效工作系统和员工幸福感之间的作用并不显著，链式多重中介的直接效应显著且其效应量为 4.19%。另外，高绩效工作系统到工作意义感的路径效应显著，而工作特征到员工幸福感的路径效应不显著。这说明有一部分高绩效工作系统对员工幸福感的影响是先通过工作特征影响工作意义感来实现的。此外，高绩效工作系统到工作意义感的路径效应显著，说明影响工作意义感的除了有工作特征一个变量外还有其他变量；而工作特征到员工幸福感的路径效应不显著，说明工作特征完全通过工作意义感来对员工幸福感产生影响。

本研究发现，工作特征不具有中介作用的可能原因如下。一是根据工作特

96

征模型，工作特征对员工态度的影响主要是通过工作意义感进行传导的。串联中介模型进一步验证了上述推断。二是本研究采用的是均值路径分析。鉴于测量条目过多，样本量有限，采用潜变量分析可能得出更准确的数据分析结果。三是工作特征模型分为不同的维度，而不同的维度之间如何协同组成工作特征还有待进一步研究。

链式中介为何能成立？一方面，高绩效工作系统实施的员工参与、信息共享、持续培训等一系列工作实践为员工提供了更多从事具有自主性、多样性、重要性、完整性工作的机会，且使员工更容易获取到反馈性信息，从而提升了员工对工作特征的体验。因此高绩效工作系统可以影响工作特征。另一方面，工作的自主性、多样性和完整性特征扩大了员工自行安排和调整工作的空间，满足了其自主需求。工作的多样性和自主性特征为员工体验到游刃有余的感觉创造了条件，工作反馈为员工提供了获得积极信息的机会。这都有助于满足员工的能力需求。重要性特征能够提高员工对他人的影响程度，满足了员工的关系需求。根据自我决定理论可知，这三种需求的满足是个体产生动机、提升幸福感的重要影响因素。工作特征模型提出工作特征对幸福感的影响存在中间机制。后续研究发现工作意义感是工作特征和个体的态度、行为变量之间最强且有效的中介。本研究支持了这一观点，即工作特征对员工幸福感的影响是通过工作意义感实现的。因此，链式中介"高绩效工作系统—工作特征—工作意义感—员工幸福感"的路径具有合理性。值得注意的是，虽然链式中介成立，但效应量不大，且只是部分工作特征起到了将高绩效工作系统与员工幸福感联系起来的中介作用，还存在哪些中介变量，值得后续进一步探索。

6.1.3 家长式领导正向调节高绩效工作系统和工作特征之间的关系

本研究结论表明，家长式领导正向调节高绩效工作系统和工作特征之间的关系。相比于家长式领导风格不明显的领导者，高家长式领导风格会进一步强化高绩效工作系统对员工幸福感的正向作用。领导会影响团队成员达成组织目标的过程，领导通过任务安排、管理沟通等上下级的互动过程影响高绩效工作系统的具体实施，并进一步影响员工对高绩效工作系统的理解和认同。家长式领导是关系导向型的，他们致力于为员工营造良好的工作氛围，及时为员工提供所需支持和帮助，重视员工的价值和个人发展。这样的领导行为在为员工提供资源支持的同时，也向员工传递了一种组织关怀、重视员工的信号，有助于员工达到高绩效工作系统的要求和正向理解高绩效工作系统的实施目的，从而强化对工作特征的积极体验和评价。有学者发现，员工参与决策可能会导致员工必须投入常规工作以外的时间和精力来提出可行性建议，进而让员工感到更紧张、更有压力。在以关系为导向的家长式领导下，员工会更容易感受到来自领导和同事的关心和支持。许多学者都研究了领导行为对高绩效工作系统的影响。有外国学者论证了变革型领导对组织实施的人力资源管理实践的强化作用。张勇等验证了领导行为对人力资源管理实践影响的正向调节作用。

6.1.4 自我效能感负向调节工作特征的影响

本研究结果显示，自我效能感削弱了工作特征对工作意义感的影响。即员工的自我效能感越高，工作特征对工作意义感的影响越小。这一结论与假设一致。该研究结果一方面验证了员工的工作意义感是个体因素和工作情境因素相互作用的结果，另一方面从个体自我效能感的角度解释了工作情境对员工工作意义感影响的差异。具体而言，对于自我效能感高的员工而言，工作情境对其工作意义感的影响较小。因为自我效能感高的员工对于自己从事并能完成有挑战性、有意义的工作任务的能力充满信心，认为自己具备成功完成高难度工作的能力，会在工作环境中主动采取积极的工作态度和行为。这意味着，即使面临不利的工作情境，他们也不会妥协而会努力改善，主动使自己获得积极的工作体验。相反，对于自我效能感低的员工而言，他们的态度和体验更容易受到工作情境本身的影响。这一结论也得到了以往研究的支持。有学者发现，个体能力大小和其对环境的敏感度负相关，也就是说，对自己能力缺乏信心的个体往往对环境的敏感度更高，他们的行为反应和决策判断更多地依据环境因素；相反，当个体对自身能力具有充足的信心时，其对环境的敏感度就偏低，他们的行为反应和决策判断更多地依据个人因素。这与本研究的结论相一致。

6.2　理论意义

本书的研究结论丰富了高绩效工作系统、员工幸福感、工作特征和工作意义感等相关领域的研究成果，对未来相关理论的发展有一定的启示价值。

6.2.1 基于工作特征视角，丰富了高绩效工作系统影响员工幸福感的路径

本研究基于工作特征视角，深入探讨了高绩效工作系统影响员工幸福感的传导机制，丰富了微观层面的高绩效工作系统实证研究。目前已有的关于高绩

效工作系统的研究大多聚焦于组织层面或团队层面上，而关于其对个体层面产生的影响的研究十分少见。工作在人们的生活中占据至关重要的位置。人在工作中获得的体验和得到满足的需求会影响员工的幸福感水平。工作特征是员工在工作情境中最直接的工作体验，是比高绩效工作系统更为近端的影响变量。本研究通过理论论证和实证研究揭示了高绩效工作系统和员工幸福感之间的关系，支持了高绩效工作系统通过工作特征影响工作意义感进而影响员工幸福感的研究结论，丰富了关于高绩效工作系统的作用和作用机制的研究成果。以往对高绩效工作系统和员工幸福感的影响过程和作用机制的探讨大多采用 AMO 框架、归因理论等来解释。有学者呼吁，接下来对高绩效工作系统在个体层面的研究应该关注员工感知到的人力资源体系对动机类变量的影响。本研究响应这一呼吁，引入自我决定理论解释高绩效工作系统和员工幸福感之间的关系。以往对于两者之间的关系，大多研究者采用工作要求 - 资源模型进行解释。一方面，从动机视角探索高绩效工作系统影响机制的研究较少；另一方面，用于解释高绩效工作系统对员工幸福感影响的理论视角较窄。因此，本研究响应鲍肯、鲁塞尔和沃纳对重视自我决定理论在人力资源管理系统中的作用的呼吁，基于自我决定理论来探索工作特征在高绩效工作系统和员工幸福感之间的中介效应。自我决定理论为整合本研究的理论模型提供了理论基础，为未来人力资源管理系统的研究提供了新的方向。

6.2.2 本研究验证了领导因素在高绩效工作系统影响效果上的调节作用

本研究发现，家长式领导在高绩效工作系统影响效果上发挥正向调节作用。在工作情境中，人力资源管理系统和领导风格是影响员工结果变量的两类重要因素。领导行为和人力资源管理实践分别会对员工的结果变量产生重要影响的结论已经都得到了验证。长期以来，领导行为和人力资源管理实践都处于并行独立发展状态中。在已有的研究基础上，十分有必要使两个领域相融合。这是因为：首先，领导行为或人力资源管理从单一方面很难对结果做出完整的解释，领导行为和人力资源管理实践对结果变量的解释力都偏弱；其次，在组织的运行过程中，领导行为和人力资源管理并行，两者难以独立存在和发挥作用。许多学者已经指出，领导行为和人力资源管理实践是限定彼此发挥作用的边界条件。已有研究者开始关注领导和人力资源管理的共同作用，并发现两者之间既有可能是替代关系，又有可能是强化关系。根据领导替代理论可知，当组织制度的功能和正式领导的功能相似时，正式领导对员工产生的影响可能被组织制度抵消或者完全替代。强化关系是指领导行为和人力资源管理实践两者之间会彼此强化对方的影响和作用。比如，刘蕴验证了人力资源管理实践正向调节领导行为。张勇等和一些外国学者分别验证了领导行为对人力资源管理实践影响的正向调节作用。总体来看，已有研究支持两者间的替代关系。少量关于领导行为强化人力资源管理实践的研究中涉及的领导风格也都是变革型领导、授权型领导等西方组织情境下的领导风格。家长式领导作为根植于东方文化背景下的领导风格，和人力资源管理的关系是相互替代还是彼此强化值得关注。基于此，本研究在中国情境下，验证了家长式领导对高绩效工作系统的正向调节作用，一方面支持了领导行为和人力资源管理实践之间的强化关系，另一方面丰富了作为高绩效工作系统限定条件的领导风格。

6.2.3 本研究发现了自我效能感在工作特征影响上的调节作用

本研究的结果表明，员工的自我效能感在工作特征影响上发挥负向调节作用，丰富了工作特征模型的边界条件。工作特征模型提出了工作特征和工作结果变量之间的两个调节变量：知识技能水平和成长需求强度。但是，鲜有实证研究支持知识技能水平和成长需求强度的调节作用。那么是否存在其他的个体因素影响工作特征和结果变量之间的关系呢？奥尔德曼和哈克曼指出，关于工作特征和结果变量之间的边界条件，研究者需要在个体差异上进一步去挖掘。有学者发现，责任心、宜人性、情绪稳定性和工作特征之间存在交互作用。奥尔德曼和哈克曼鼓励研究者挖掘更多的个体差异。本研究将自我效能感作为调节变量，验证了其可以作为高绩效工作系统和员工幸福感之间的关系调节变量而发挥作用。在组织研究方面，以往研究更多地将自我效能感作为中介变量和主变量。比如，杜旌等验证了自我效能感在高绩效工作系统和员工幸福感之间的中介作用。从新的视角来审视自我效能感的角色定位问题，扩大了其应用范围，也丰富了工作特征模型的边界条件。

6.3 管理实践建议

员工幸福感既是组织持续竞争优势的重要来源之一，又是"幸福中国"的关键构成。企业和管理者如何通过高绩效工作系统的设计和实施来提升员工幸福感，打造幸福企业，助力幸福中国，是相关研究者当前面临的一个具有时代意义的重要课题。本研究探究了高绩效工作系统对员工幸福感影响的过程机制与边界条件，对组织管理者具有启示价值。

6.3.1 重视高绩效工作系统的构建，提高人力资源管理成效

本研究验证了高绩效工作系统对员工幸福感具有积极影响。在激烈的商业竞争中，企业应积极实践高绩效工作系统，发挥人力资源优势，增强企业的持续竞争力。企业不仅要重视人力资源管理系统的规划和设计，也要重视人力资源管理实践的具体实施效果和员工对人力资源管理系统的感知。为此，企业可以在几个方面尝试做出努力：一是让更多的人力资源管理专业人员进入业务单元和直线经理共同工作，帮助业务经理深入理解人力资源管理体系的设计逻辑和相应价值，同时让人力资源部门更清楚业务部门的实际情况进一步完善人力资源实践，即便组织的规模和性质不宜设置固定的人力资源业务合作伙伴职位，也应更多促进类似人力资源业务合作伙伴理念指导下的工作模式的应用；二是建立更多宣传和解读企业人力资源管理体系的渠道，让各个层级的员工都可以便捷地获取相应信息，积极引导员工对人力资源管理政策和实践正确解读和感知，提升人力资源管理成效；三是给予员工更多参与人力资源管理实践的机会。

6.3.2 重视工作特征的优化，让员工在工作过程中持续获得积极体验

工作特征能够增强员工工作意义感。对于绝大多数岗位，现代组织可以通过流程调整和管理方式的优化，来增强员工的工作自主性、工作多样性、工作完整性、工作重要性和提升工作反馈效率。以工作反馈为例，工作反馈指的是员工从工作本身获得关于工作完成情况的信息的过程。虽然工作反馈这一特征在很大程度上受到工作属性的限制。比如，理发师很容易获得工作反馈信息，而作家获得工作反馈信息的周期会很长，但是，组织通过合理的设计是可以缩短工作反馈周期的，特别是在互联网时代，信息连接可以轻易实现。以作家为例，过去的专栏作家的工作反馈基本都要依靠专栏编辑来实现，但是现在的作家可以轻松通过留言、打赏、转发等方式获得工作信息。及时获得更丰富的工作反馈信息会让员工感受到更强的工作意义感和幸福感。因此，企业的管理者应该重视工作反馈这一特征，科学设计工作反馈的渠道、内容和频率，综合多种技术从工作的本质特征上提高工作反馈效率。

6.3.3 加强企业管理层建设，让领导成为员工的重要资源

本研究发现，家长式领导是员工工作场景中的重要支持资源。领导会影响员工对企业实施的管理政策和工作内容的关注重点和解读方向，影响对企业实施的人力资源管理系统的态度。比如，领导在工作中经常强调团队工作方式可使每个人从头到尾参与一项工作，有助于员工更加了解客户需求和企业内部的

运作方式等，那么员工就会更加关注团队工作的实践。企业应该重视对中高层领导团队的建设。一是通过有效的甄选在组织内外选拔出具备领导潜能，且与本企业实施的人力资源管理系统相互强化的领导者。二是有针对性地开设领导力课程，在提高领导沟通、授权等综合领导能力的同时，加深直线经理对人力资源管理系统的理解。此外，还应建立健全领导教练体系。领导力训练的专业教练应结合日常的管理表现给予及时反馈和提升方案，以使领导在日常管理实践中增强领导力。三是优化管理团队的激励系统，引导管理者重视对下属的关怀、支持和指导，让管理者有意识、有意愿、有能力成为团队成员的资源。

6.3.4 开展提升自我效能感的相关培训，引导员工主动迎接挑战

自我效能感会影响个体面对障碍时的应对方式和坚持程度。自我效能感高的员工更倾向于采取行动达到环境要求，并将工作要求视为挑战和积极的体验，因此也更有可能在工作过程中体验到幸福感。提升员工自我效能感最有效的方式是让个体获得有效掌控工作的体验。企业可以开展自我效能感提升方面的培训活动，让个体在活动过程中获得积极体验，从而使个体对自己的能力充满信心。成功应对压力也能够增强自我效能感，反之，挑战压力失败则会削弱个体的自我效能感。因此，企业也可以开展工作复盘活动，使员工通过有效的事后回顾来分析成功或失败的原因，帮助员工调整行动后的体验，引导积极体验，缓冲消极体验，协助员工增强自我效能感。此外，企业通过为员工提供自我管理、情绪智力等方面的培训活动，可以帮助员工提高应对复杂工作环境的综合能力，也会在实际工作中提高员工成功的概率，增强员工的自我效能感，进而推动员工积极应对更多有挑战性的任务，获得更好的体验和更优秀的业绩，形成良性循环。

6.4 研究局限

第一，测量工具方面的不足。尽管本研究中所采用的量表均具有良好的信度与效度，但是除高绩效工作系统量表经笔者结合中国管理情境修订了以外，其他量表都并不是基于中国情境的，在内容效度上有待进一步验证。这其中尤其要注意的是家长式领导两类测量工具在中国组织情境中的有效性。瑞安团队的家长式领导是一个整体构念。但作为一个新兴概念，研究者对其进行的实证检验还很有限。而郑伯埙团队的家长式领导的三个构念结构并不稳定。两类家

长式领导，哪个构念更有效？具体到本研究中，两类家长式领导是否都能强化高绩效工作系统对工作特征的正向影响？这两个问题还有待进一步探究。

第二，数据收集方式方面的不足。本研究采用回收两个时间点的数据的方式，避免了由同源数据造成的共同方法偏差。理论上，对于所有个体层面的变量，笔者如果能够使用多时点纵向追踪研究法，就能够更加严谨地验证变量之间的关系。例如，采用经验取样法，连续测量每周员工的感受；或者采用时间滞后模型，在多个时间点上对所有变量均进行测量。虽然上述方法在研究设计上很理想，但是考虑到实际被试对量表长度的可容忍性、样本多次获取的难度、多次数据配对流失严重等现实问题，也限于本研究人员和资金的不足，本研究只收集了两个时间点的数据。此外，在本研究中，高绩效工作系统和工作特征的数据收集方式是员工报告。这种报告的方式可能存在潜在的误差。虽然有学者验证了这两个变量由员工报告和由管理者报告无显著差异，但是主观评价和客观数据相结合的方式可以实现更准确的测量。因此，在未来的研究中，在资源允许的条件下应该尽可能采取多来源、多时间点的数据收集方式。

第三，研究样本方面的不足。本研究的样本为来自电力、教育、政府、金融、IT、医疗等多个行业的 431 名员工。为了尽量减少样本之间的差异，本研究选择了多个行业的员工作为被试，虽然可以避免单一群体样本容易出现的外部效度偏低的问题，但也使得行业之间的差异难以得到体现。有研究者指出人力资源管理的研究应该注重探究行业之间的差异。同时，本研究的样本数量仍然相对较小，可能会影响变量之间的检验结果。为此，未来的研究中应该在增加样本数量的同时，聚焦于多个行业来进行研究模型的验证。

6.5　未来的研究方向

6.5.1 进一步丰富高绩效工作系统对员工幸福感影响机制的边界条件

根据人力资源管理的权变观可知，高绩效工作系统的有效性受到组织特征因素的影响。已有研究检验了组织文化氛围、组织战略等特征对高绩效工作系统影响机制的调节作用。目前鲜有探究领导因素对高绩效工作系统有效性的影响的实证研究。在具体的工作情境中，领导既作为独立个体通过言行影响员工，又作为组织代理人通过传达和落实组织的各项政策和要求影响员工，是影响高绩效工作系统的重要变量。本研究探索和验证了家长式领导对高绩效工作系统和员工幸福感之间的正向调节作用，支持了人力资源管理和领导行为彼此强化的关系。但是，其他领导风格在中国组织情境中是否也能强化高绩效工作系统有待检验。为此，探究不同领导风格对人力资源管理有效性影响的边界条件应该得到更多关注。

6.5.2 进一步探索影响工作特征的因素和其作用机制

本研究验证了高绩效工作系统对工作特征的正向影响，并发现两者之间的关系会受到领导因素的影响。奥尔德曼和哈克曼指出，组织特征会影响个体对工作的体验。而且有实证研究证明了组织特征和工作特征之间存在关系。但是已有研究并没有明确什么样的组织特征会对工作特征产生正向影响。关于哪些组织特征会影响工作特征的研究仍然很少。目前的研究已经涉及的组织特征包括组织规模、团队规模、组织层级、组织中心化程度等，但并没有得出明确的结论。帕克和摩根森倡导学者们去研究工作特征的作用机制，他们还提出识别不同的调节变量在未来的研究中十分必要。帕克指出，相关学者在未来的研究中不仅仅应增加更多的结果变量，而且应探究何时、为什么和如何通过工作设计来达成不同的目标。

6.5.3 从构成型构念的角度进一步开发高绩效工作系统的测量工具

已有高绩效工作系统的测量都将每一项独立的人力资源实践都视为高绩效工作系统的反映和效果。但是，高绩效工作系统强调的是各种人力资源管理实践的协同作用。不同的管理实践之间可能会存在功能替代、部分重合、正向强化甚至负向协同的关系。目前，高绩效工作系统测量的计算方式主要为简单加权。本研究也继续采用了这一计算方式。但是，这难以反映各项实践活动之间相互协同的关系。高绩效工作系统是一系列具体实践被"捆绑"在一起后形成的一个综合整体，作为一个整体系统发挥作用。因此，研究者应在测量上体现出一加一大于二的效果。因此，如何在测量工具上体现出高绩效工作系统的协同性，系统的运作方式是未来研究中有待突破的关键点。

6.5.4 探究高绩效工作系统对不同利益相关者的幸福感的影响

本研究主要探索了高绩效工作系统对员工幸福感的影响。但是从利益相关者理论的角度来看，高绩效工作系统不仅会对组织内部的员工产生影响，也会影响到员工的家庭成员、客户、合作伙伴等多个相关主体。拓宽高绩效工作系统对幸福感影响的主体范围有助于拓宽高绩效工作系统影响的范围。

参考文献

[1]陈笃升.高绩效工作系统研究述评与展望：整合内容和过程范式[J].外国经济与管理，2014（5）.

[2]陈浩，张嘉唯.传统价值观、家长式领导与员工心理所有权：基于中国本土文化情景的实证研究[J].商业研究，2016（5）.

[3]陈建安，金晶.能动主义视角下的工作幸福管理[J].经济管理，2013（3）.

[4]陈璐，高昂，杨百寅，等.家长式领导对高层管理团队成员创造力的作用机制研究[J].管理学报，2013（6）.

[5]陈婉婷，张秀梅.我国居民主观幸福感及其影响因素分析：基于CGSS2010年数据[J].调研世界，2013（10）.

[6]党云晓，张文忠，余建辉，等.北京居民主观幸福感评价及影响因素研究[J].地理科学进展，2014（10）.

[7]邓志华，陈维政.家长式领导对员工工作态度和行为影响的实证研究：以工作满意感为中介变量[J].大连理工大学学报（社会科学版），2013（1）.

[8]杜旌，段承瑶.中庸影响个体的作用机制：基于任务和关系视角的研究[J].珞珈管理评论，2017（1）.

[9]杜旌，刘芳.平衡与和谐之美：中庸价值取向对员工幸福感影响实证研究[J].珞珈管理评论，2014（1）.

[10]杜旌，李难难，龙立荣.基于自我效能中介作用的高绩效工作系统与员工幸福感研究[J].管理学报，2014（2）.

[11]傅晓，李忆，司有和.家长式领导对创新的影响：一个整合模型[J].南开管理评论，2012（2）.

［12］高昂，曲庆，杨百寅，等．家长式领导对团队工作绩效的影响研究：领导才能的潜在调节作用［J］．科学学与科学技术管理，2014（1）．

［13］管健．社会认同复杂性与认同管理策略探析［J］．南京师大学报（社会科学版），2011（2）．

［14］黄亮．中国企业员工工作幸福感的维度结构研究［J］．中央财经大学学报，2014（10）．

［15］李书玲，韩践，张一弛．员工的素质能力在 HPWS 与企业竞争优势关系中的中介作用研究［J］．经济科学，2006（5）．

［16］李秀凤，孙健敏，林丛丛．高绩效工作系统对员工心理契约破裂的影响：一个跨层的被调节中介［J］．心理科学，2017（2）．

［17］李艳，孙健敏，焦海涛．分化与整合：家长式领导研究的走向［J］．心理科学进展，2013（7）．

［18］李燕萍，徐嘉．基于组织认同中介作用的集体主义对工作幸福感的多层次影响研究［J］．管理学报，2014（2）．

［19］郝雨洁．领导 - 成员交换对工作 - 家庭平衡的影响机制研究［J］．人力资源管理，2017（10）．

［20］刘善仕，凌文辁．家长式领导与员工价值取向关系实证研究［J］．心理科学，2004（3）．

［21］刘善仕，彭娟，段丽娜．人力资源实践、组织吸引力与工作绩效的关系研究［J］．科学学与科学技术管理，2012（6）．

［22］刘伟，蔡志洲．GDP 增长与幸福指数［J］．经济导刊，2005（8）．

［23］刘蕴．道德型领导对员工帮助行为的影响机制：基于自我概念的视角［J］．经济管理，2016（1）．

［24］龙立荣，毛盼盼，张勇，等．组织支持感中介作用下的家长式领导对员工工作疏离感的影响［J］．管理学报，2014（8）．

［25］苗仁涛，周文霞，刘军，等．高绩效工作系统对员工行为的影响：一个社会交换视角及程序公平的调节作用［J］．南开管理评论，2013（5）．

［26］苗元江，冯骥，白苏好．工作幸福感概观［J］．经济管理，2009（10）．

［27］彭坚，王霄．与上司"心有灵犀"会让你的工作更出色吗？ 追随原型一致性、工作投入与工作绩效［J］．心理学报，2016（9）．

［28］彭怡，陈红．基于整合视角的幸福感内涵研析与重构［J］.心理科学进展，2010（7）．

[29] 闰丙金. 收入、社会阶层认同与主观幸福感 [J]. 统计研究, 2012（10）.

[30] 沈伊默, 周婉茹, 魏丽华, 等. 仁慈领导与员工创新行为: 内部人身份感知的中介作用和领导 - 部属交换关系差异化的调节作用 [J]. 心理学报, 2017（8）.

[31] 施涛, 曾令凤. 组织学习与组织绩效: 工作幸福感的中介作用 [J]. 管理工程学报, 2015（3）.

[32] 宋萌, 王震, 孙健敏. 辱虐管理对下属反馈规避行为的影响: 积极归因与工作意义的作用 [J]. 预测, 2015（5）.

[33] 苏中兴. 中国情境下人力资源管理与企业绩效的中介机制研究: 激励员工的角色外行为还是规范员工的角色内行为？[J]. 管理评论, 2010（8）.

[34] 孙健敏, 穆桂斌. 中小民营企业人力资源管理的状况 [J]. 经济管理, 2009（4）.

[35] 孙健敏, 王宏蕾. 高绩效工作系统负面影响的潜在机制 [J]. 心理科学进展, 2016（7）.

[36] 孙健敏, 张明睿. 所有制对高绩效工作系统与员工满意度关系的调节作用 [J]. 经济理论与经济管理, 2009（10）.

[37] 孙健敏, 李秀凤, 林丛丛. 工作幸福感的概念演进与测量 [J]. 中国人力资源开发, 2016（13）.

[38] 王佳艺, 胡安安. 主观工作幸福感研究述评 [J]. 外国经济与管理, 2006（8）.

[39] 王丽娟, 吴宇星. 工作特征在变革型领导与工作满意度相关关系中的中介作用 [J]. 经济理论与经济管理, 2008（9）.

[40] 奚恺元, 张国华, 张岩. 从经济学到幸福学 [J]. 上海管理科学, 2003（3）.

[41] 邢占军. 城市居民的主观幸福感影响因素 [J]. 新东方, 2004（11）.

[42] 徐世勇, 朱金强. 道德领导与亲社会违规行为: 双中介模型 [J]. 心理学报, 2017（1）.

[43] 徐映梅, 夏伦. 中国居民主观幸福感影响因素分析: 一个综合分析框架 [J]. 中南财经政法大学学报, 2014（2）.

[44] 许龙, 高素英, 刘宏波, 等. 中国情境下员工幸福感的多层面模型

［J］．心理科学进展，2017（12）．

［45］杨超杰，张明军，赵阳．近五年来兰州市居民幸福感变化及影响因素分析［J］．干旱区资源与环境，2014（8）．

［46］杨付，王桢，张丽华．员工职业发展过程中的"边界困境"：是机制的原因，还是人的原因？［J］．管理世界，2012（11）．

［47］尹奎，孙建敏，陈乐妮．基于串联中介模型的认知重塑对工作投入的影响研究［J］．管理学报，2017（4）．

［48］张瑞娟，孙健敏．人力资源管理实践对员工离职意愿的影响：工作满意度的中介效应研究［J］．软科学，2011（4）．

［49］张兴贵，郭扬．企业员工人口学变量、工作特征与主观幸福感的关系：工作压力的作用［J］．心理科学，2011（5）．

［50］张莹瑞，佐斌．社会认同理论及其发展［J］．心理科学进展，2006（3）．

［51］张勇，龙立荣，贺伟．绩效薪酬对员工突破性创造力和渐进性创造力的影响［J］．心理学报，2014（12）．

［52］张征．下属 - 主管匹配与员工的工作幸福感：领导 - 成员交换和政治技能的作用［J］．心理科学，2016（5）．

［53］张正堂，李瑞．企业高绩效工作系统的内容结构与测量[J].管理世界，2015（5）．

［54］邹琼，佐斌，代涛涛．工作幸福感：概念、测量水平与因果模型［J］．心理科学进展，2015（4）．

附　录

附录1　员工调查问卷T1

尊敬的女士／先生：

感谢您在百忙之中抽出时间来参与此次调查！本调查旨在了解您个人的一些工作和生活感受。调查大约需要占用您5—8分钟时间。您的回答无所谓对或错，只要是您的真实想法，都是对我们的莫大帮助。

承诺：您的姓名仅限于本研究过程中的数据配对使用，您提供的信息会受到严格保密，所得信息仅用于科学研究。

谢谢您的支持。

中国人民大学劳动人事学院

一、基本信息（在选项上画"√"或填空）

1. 您的姓名是 ＿＿＿＿＿＿＿＿＿＿

2. 您的性别是：□男　□女

3. 您的学历是：□高中及以下　□中专／大专　□本科　□研究生及以上

4. 您的年龄是：＿＿＿＿周岁

5. 您的婚姻状况：□未婚　□已婚

6. 您的子女个数是：□无　　□1个　　□2个　　□2个以上

7. 您于＿＿＿＿年到目前公司工作

8. 您与目前您直接上级相处的年限是：＿＿＿＿年

9. 您每周的工作时间是：＿＿＿＿小时

10. 您所在的岗位属于：□生产制造　□技术／研发　□销售／市场　□财

务 / 行政 / 人力　□其他

11. 您目前工作单位的性质是：□国企　□民营企业　□外企　□事业单位 □党政机关　□其他

二、问卷部分

以下是关于您所在部门采取的管理措施的描述，请在符合您的意见的数字上画"〇"。1 为"完全不同意"，2 为"不同意"，3 为"说不准"，4 为"同意"，5 为"完全同意"。

1. 员工可以了解到组织管理中的基本信息	1	2	3	4	5
2. 员工的工作内容和要求有明确的说明	1	2	3	4	5
3. 组织为员工提供了成为管理者的内部晋升通道	1	2	3	4	5
4. 定期进行员工满意度调查	1	2	3	4	5
5. 员工代表能够参与涉及员工个人利益的重大决策	1	2	3	4	5
6. 员工的收入可以反映个人的工作业绩	1	2	3	4	5
7. 普通员工也能获得组织效益的好坏信息	1	2	3	4	5
8. 组织效益的好坏能够体现到员工个人的收入上	1	2	3	4	5
9. 组织为员工提供每年都进行培训的机会	1	2	3	4	5
10. 组织开设了员工反映管理意见和建议的渠道	1	2	3	4	5
11. 员工的贡献可以在报酬上得到公平的体现	1	2	3	4	5
12. 组织会对员工进行慎重的选拔	1	2	3	4	5
13. 员工的工资和收入是由绩效好坏决定的	1	2	3	4	5
14. 组织定期对员工的工作过程和工作结果进行评估	1	2	3	4	5
15. 组织会完整合理地执行绩效管理制度	1	2	3	4	5
16. 员工能够知道自己绩效考核的结果	1	2	3	4	5
17. 主要从内部提拔各级管理人员	1	2	3	4	5
18. 员工工资的多少主要是由资历决定的	1	2	3	4	5
19. 在过去三年中没有出现过与员工的劳动争议事件	1	2	3	4	5
20. 出现劳动争议事件时都能妥善解决	1	2	3	4	5
21. 各级管理人员都很尊重员工	1	2	3	4	5
22. 员工在工作岗位能发挥自己的专长	1	2	3	4	5
23. 员工是否得到提拔取决于跟主要领导人的私人交情	1	2	3	4	5
24. 组织和员工签订了正式的劳动合同	1	2	3	4	5
25. 公司努力让员工了解各种人力资源管理制度	1	2	3	4	5

以下是关于您上级的领导风格的描述，请您根据实际情况选择，在符合您的意见的数字上画"○"。1为"完全不同意"，2为"不同意"，3为"有点不同意"，4为"有点同意"，5为"同意"，6为"完全同意"。

我的领导像家庭成员（父母或哥哥姐姐）一样对待自己的员工	1	2	3	4	5	6
我的领导像家庭中的长者一样给员工提出忠告	1	2	3	4	5	6
我的领导会在工作场所创造一种家庭环境	1	2	3	4	5	6
我的领导感到对员工负有责任，就像对自己的孩子或亲人一样	1	2	3	4	5	6
我的领导随时准备在员工需要时帮助我们处理工作之外的问题（例如住房、孩子教育、健康等）	1	2	3	4	5	6
我的领导会参加员工的某些特殊事件（例如婚礼、葬礼、生日宴会、孩子的毕业典礼等）	1	2	3	4	5	6
每当员工的私人生活遇到问题时（如婚姻问题等），我的领导随时准备成为调解人	1	2	3	4	5	6
我的领导评价员工时更看重忠诚而不是绩效	1	2	3	4	5	6
作为领导对员工关心和培育的回报，我的领导期望下属对他／她忠诚和服从	1	2	3	4	5	6
我的领导坚信自己知道对于员工来说什么是最好的	1	2	3	4	5	6

附录2　员工调查问卷T2

尊敬的女士／先生：

感谢您在百忙之中抽出时间来参与此次调查！本调查旨在了解您个人的一些工作和生活感受。调查大约需要占用您10分钟时间。您的回答无所谓对或错，只要是您的真实想法，都是对我们的莫大帮助。

承诺：您的姓名仅限于本研究过程中的数据配对使用，您提供的信息会受到严格保密，所得信息仅用于科学研究。

谢谢您的支持。

中国人民大学劳动人事学院

以下问题关于目前你所承担的工作及其特征，你可能同意也可能不同意有关你工作及任务的这些说法，请根据以下尺度表达你对这些说法的同意或反对程度。请注意，这些问题是关于工作任务本身的，而不是你的反应（请在符合您意见的数字上画"○")。1为"完全不同意",2为"不同意",3为"说不准",4为"同意",5为"完全同意"。

我所从事的工作允许我自己决定工作的进度安排	1	2	3	4	5
我所从事的工作允许我自己决定工作任务的先后顺序	1	2	3	4	5
我所从事的工作允许我自行规划如何去做	1	2	3	4	5
在完成工作任务时,我可以按照自己的想法和判断行事	1	2	3	4	5
我的工作允许我自行做出许多决定	1	2	3	4	5
我的工作给予我极大的自主权来决定事情该怎么做	1	2	3	4	5
我的工作允许我自己决定完成工作的方法	1	2	3	4	5
我的工作让我有许多机会可以独立自主地选择完成工作的方式	1	2	3	4	5
我的工作允许我自己决定如何去执行	1	2	3	4	5
我的工作涉及多样化的任务	1	2	3	4	5
我的工作涉及去做许多不同的事情	1	2	3	4	5
我的工作要求我完成许多不同的任务	1	2	3	4	5
我的工作需要执行多项不同的任务	1	2	3	4	5
我的工作结果可能会对他人的生活产生重大的影响	1	2	3	4	5
我的工作本身在许多方面具有极大的意义与重要性	1	2	3	4	5
我的工作本身对公司外部人员有重大的影响	1	2	3	4	5
我在工作中所做的事,对公司外部人员有重大的影响	1	2	3	4	5
我的工作涉及去完成有明确起始与终止日期的任务	1	2	3	4	5
我的工作安排使我能从头到尾完成一项完整的任务	1	2	3	4	5
我的工作让我有机会将我发起的工作事项执行到底	1	2	3	4	5
我的工作允许我完成由我发起的工作事项	1	2	3	4	5
工作活动本身能够直接而明确地反馈给我有关工作效率(质和量)的信息	1	2	3	4	5
工作任务本身能够对我的绩效表现予以反馈	1	2	3	4	5
工作任务本身能给予我有关绩效表现的相关信息	1	2	3	4	5

以下问题关于您对当前个人感受的描述,请根据以下尺度表达你对这些说法的同意或反对程度。1为"完全不同意",2为"不同意",3为"有点不同意",4为"有点同意",5为"同意",6为"完全同意"。

如果我尽力去做的话，我总能够解决难题	1	2	3	4	5	6
即使别人反对我，我仍有办法获得我所想要的	1	2	3	4	5	6
对我来说，坚持理想和达成目标是轻而易举的	1	2	3	4	5	6
我自信能有效地应付任何突如其来的事情	1	2	3	4	5	6
以我的才智，我一定能够应付意外的情况	1	2	3	4	5	6
如果我付出必要的努力，我一定能够解决大多数的难题	1	2	3	4	5	6
我能冷静地面对困难，因为我相信自己处理问题的能力	1	2	3	4	5	6
面对一个难题时，我通常能找到几个解决方法	1	2	3	4	5	6
有麻烦的时候，我通常能想到一些应付的方法	1	2	3	4	5	6
无论什么事在我身上发生，我都能够应付自如	1	2	3	4	5	6

以下问题关于您对当前工作感受的描述，请根据以下尺度表达你对这些说法的同意或反对程度。1 为"完全不同意"，2 为"不同意"，3 为"有点不同意"，4 为"有点同意"，5 为"同意"，6 为"完全同意"。

我找到了有意义的职业	1	2	3	4	5	6
我明白我的工作如何使我的生活更有意义	1	2	3	4	5	6
我清楚地知道是什么让我的工作有意义	1	2	3	4	5	6
我找到了令人满意的工作	1	2	3	4	5	6
我认为我的工作能促进我个人成长	1	2	3	4	5	6
我的工作有助于我更好地了解自己	1	2	3	4	5	6
我的工作有助于我理解周围的世界	1	2	3	4	5	6
我认为我的工作对社会有积极影响	1	2	3	4	5	6
我的工作对社会没有意义	1	2	3	4	5	6
我的工作有一个更远大的目标	1	2	3	4	5	6

以下问题关于您对当前生活感受的描述，请根据以下尺度表达你对这些说法的同意或反对程度。1 为"完全不同意"，2 为"不同意"，3 为"有点不同意"，4 为"说不准"，5 为"有点同意"，6 为"同意"，7 为"完全同意"。

我对自己的生活水平感到满意	1	2	3	4	5	6	7
我对自己的健康状况感到满意	1	2	3	4	5	6	7
我对自己在生活中所取得的成就感到满意	1	2	3	4	5	6	7
我对自己的人际关系感到满意	1	2	3	4	5	6	7
我对自己的安全状况感到满意	1	2	3	4	5	6	7
我对自己的社会参与感到满意	1	2	3	4	5	6	7
我对自己的未来保障感到满意	1	2	3	4	5	6	7
我对自己的家庭关系感到满意	1	2	3	4	5	6	7
我对自己的工作、学习状况感到满意	1	2	3	4	5	6	7
我对自己的社会地位感到满意	1	2	3	4	5	6	7

附录3　总体模型检验 Mplus 语句

```
title：总体模型；
data：file is 打包 .txt；
variable：names are gen edu age sl wt mar son jf1-jf3 se1-se3
hp1-hp3 ew1-ew3 jz1-jz3 js1-js3 Hpws jzl jobf sef jsi ewb w1 w2 ；
usevariables are gen edu age sl wt mar son  Hpws  jobf  jsi ewb jzl w1 sef w2 ；
missing = *；
analysis： bootstrap；
model：
jobf on  gen edu age sl wt mar son
hpws（a）
jzl
w1（d）；
jsi on gen edu age sl wt mar son hpws
jobf（b）
sef
w2（e）；
ewb on gen edu age sl wt mar son hpws jobf
jsi（c）；
```

model constraint：

new（h1 L1 dif1 h2 L2 dif2 H3 L3 dif3 H4 L4 dif4）；

h1 = a+d*（0.96）；

L1 = a+d*（-0.96）；

dif1 = H1-L1；

H2 = h1*b*c；

L2 = L1*b*c；

dif2 = H2-L2；

H3 = b+e*（0.75）；

L3 = b+e*（-0.75）；

dif3 = H3-L3；

H4 = H3*a*c；

L4 = L3*a*c；

dif4 = H4-L4；

output：standardized；

cinterval（BCbootstrap）；